HEYNE‹

W0088877

WALTER LENDL

ACHTUNG, FREILAUFENDE BERLINER

Alles, was Sie wissen müssen, wenn Sie sich in die Hauptstadt wagen

Wilhelm Heyne Verlag
München

FSC

Mix
Produktgruppe aus vorbildlich
bewirtschafteten Wäldern und
anderen kontrollierten Herkünften

Zert.-Nr. SGS-COC-001940
www.fsc.org
© 1996 Forest Stewardship Council

Verlagsgruppe Random House FSC-DEU-0100
Das für dieses Buch verwendete FSC-zertifizierte Papier
Holmen Book Cream liefert Holmen Paper, Hallstavik, Schweden.

Originalausgabe 08/2010
Copyright © 2010 by Wilhelm Heyne Verlag, München,
in der Verlagsgruppe Random House GmbH
www.heyne.de
Printed in Germany 2010
Umschlaggestaltung: Hauptmann & Kompanie
Werbeagentur, Zürich
Umschlagillustration: Anja Filler,
Hauptmann & Kompanie Werbeagentur, Zürich
Satz: EDV-Fotosatz Huber/Verlagsservice G. Pfeifer, Germering
Druck und Bindung: GGP Media GmbH, Pößneck

ISBN 978-3-453-60158-1

Inhalt

Vorwort

Berlin ist angesagt. Die Hauptstadt steht bei Jugendlichen in ganz Europa an erster Stelle auf der Liste der Reiseziele. Die Easy-Jet-Touristen sind gut für die Statistik, der Stadt selbst bringen sie kaum Geld. Sie reisen mit dem Billigflieger an, übernachten in privaten Quartieren, Hostels oder bei Freunden. Essen und Trinken besorgen sie sich in den Supermärkten, die bis Mitternacht geöffnet sind. Einzig und allein die Szeneclubs profitieren von den jungen Gästen – finanziell und imagemäßig.

Berlin ist das Letzte. Wer hier leben will, muss sich anpassen. Den rüden Umgangston („Berliner Schnauze") hat man schnell drauf, das fehlende Serviceangebot ignoriert man beizeiten und die ständige Klage über den Mangel (an Karrieremöglichkeiten, Lehrern, Parkplätzen und Stil) führt man selbst alsbald im Munde. Nur gut, dass die Stadt so groß und vielfältig ist, dass sich jeder seinen Platz suchen kann.

Berlin ist mobil. In den letzten 20 Jahren ist die Hälfte der Einwohner weggezogen und genauso viele sind gekommen: Wer Karriere machen will, geht in den Westen oder Süden der Republik – dorthin, wo die Wirtschaft zu Hause ist. Im Austausch kommen all jene in die Hauptstadt, die auf der Suche nach sich selbst und ihrem Platz in der Gesellschaft sind – und die größtenteils von dem von ihren Eltern geschaffenen Wohlstand abhängig sind.

Berlin ist Avantgarde. Keine Angst! Weil Berlin schon immer arm war, wird es auch die nächsten Jahrzehnte unbeschadet überstehen. Und weil es auch noch sexy zu sein vorgibt, wird es zum liebsten Ort der kreativen Bohème, die hier von ihrem Erbe lange gut leben kann. Die Frage ist allerdings, wie lange sich ein Land eine Hauptstadt leisten kann, die am Rande des finanziellen Kollapses steht.

Berlin wird scheitern. Wenn sich Deutschland nicht zu seiner Hauptstadt bekennt und in sie investiert, wird die Stadt immer mehr zerfallen. In das Regierungsviertel, die Hartz-IV-Bezirke, die Szenequartiere, den Medienpark, die Reichen-Rückzugsgebiete und die Touristenziele. Das Leben in diesen Reservaten wird härter, die Trennlinien werden schärfer. Aber vielleicht hilft das ja einigen Leuten, sich an den eigenen Haaren aus dem Selbstverwirklichungssumpf zu ziehen.

Berlin(er) muss man lieben

Der Berliner – eine Ich-AG

Schon immer wuchsen hier seltsame Pflänzchen. Aber plötzlich ist der Mitte-Berliner ein Stil-Vorbild für die ganze Republik. Sein vorherrschender Gemütszustand ist Aufgeregtheit, doch er produziert nur rasanten Stillstand. Das aber mit dem Impetus des Besserwissers.

Der Franzose geht nach Paris – weil er Karriere machen will. Der Engländer sucht sein Glück in London – weil er viel Geld verdienen will. Der Amerikaner macht seinen Weg in New York – der härtesten Stadt der Welt. Der Deutsche geht nach Berlin – weil er sich selbst verwirklichen will.

Die deutsche Hauptstadt ist ein Magnet für Menschen auf der Suche nach sich selbst. Die Lower East Side der Europäischen Union. Hier kann man billig leben und findet Gleichgesinnte, egal, ob man Sinologie studiert, Ölschinken malt oder tätowierte Arschbacken liebt.

Jahrzehntelang war die Stadt geteilt und auf sich

gestellt. Die Bundesrepublik zahlte und hatte ihre Ruhe. Wer nicht unbedingt hinmusste – weil er Verwandte dort hatte oder die Kinder partout in der Mauerstadt studieren wollten –, für den waren die Berliner Bewohner einer Stadt weit im Osten, die irgendwie dazugehörte, aber die man nicht unbedingt ernst nehmen musste.

Von manch seltsamen Gruppierungen hörte man, die dort ihr Unwesen trieben und ihre Ideen in die Köpfe der jungen Menschen pflanzten, die gerne zu Besuch kamen, weil man dort machen konnte, was man wollte. Es war ein Paradies: keine Eltern, die sie drangsalierten; kein Wirt, der sie nach Hause schickte, weil es keine Sperrstunde gab; keine Abzocke, wenn man in die Disco wollte, weil hier sowieso keiner Geld hatte.

Jeder fand hier Gleichgesinnte: Radikale, Schwule, Radfahrer und Techno-Fans. Und ein Publikum: Die Szene wurde beherrscht von „genialen Dilettanten", jede und jeder konnte die Bühne betreten und so tun, als wäre er ein Künstler oder sie eine Sängerin, alles wurde akzeptiert, niemand musste draußen bleiben.

Dann fiel die Mauer und Berlin wurde zur Hauptstadt, zum Vorbild, dem man nacheifern sollte. Es wurde cool, nichts zu tun und vom Geld der Eltern zu leben. Früher rebellierte man, jetzt will man nur erben und in Ruhe gelassen werden. Und leben wie die schönen Menschen in Berlin-Mitte. Plötzlich war die ganze Republik „Verliebt in Berlin", und an die Stelle von harter Arbeit und Effektivität traten Kreativität, Schnoddrigkeit und Abhängen.

Dass die neuen Idole gar keine Berliner sind, sondern sich nur dort sammeln, spielt keine Rolle. Denn wer in die Stadt zieht, passt sich ihr an: den fehlenden Manieren, dem Second-Hand-Retro-Look, der Lebenseinstellung. Und die pendelt zwischen aufgeregter Projektbesprechung und entspanntem Nichtstun. Alle haben wahnsinnig viel zu tun und keine Zeit. Heraus kommt dabei gar nichts.

„Alle Einwohner Berlins sind intensiv mit ihrer Beschäftigung beschäftigt. Alle nehmen sie und sich furchtbar ernst, was ihnen einen leicht komischen Anstrich gibt. Auch die Müßiggänger gehen nicht schlechthin müßig, sondern sie sind damit beschäftigt, müßig zu gehen, auch die nichts arbeiten, tun dies im Schweiße ihres Angesichts", stellte Alfred Polgar schon 1922 fest.

Und daran hat sich nichts geändert. Die Zeiten sind hektischer geworden, der Stillstand noch rastloser. Die Menschen telefonieren überall und unentwegt, sie tippen auf Tastaturen, versenden SMS, E-Mails und Twitter-Meldungen, schreiben Blogs und sprechen Tag und Nacht über Projekte, die nur im seltensten Fall über das Stadium der Planung hinauskommen.

Wer erst einmal in Berlin gelandet ist, geht auch nicht mehr weg. Weil er nicht kann. Würde er in die Provinz zurückkehren, wäre es ein Eingeständnis seines Scheiterns. Und abgesehen von der sozialen Kontrolle lebt er hier genauso wie auf dem Dorf, in seinem „Kiez". Selten verlässt er das unmittelbare Einzugsgebiet seiner Wohnung. Eher trifft er seine alten Freunde in „Westdeutschland", als dass er zum Abendessen in einen anderen Stadtteil fährt.

Weil Berlin eine Ansammlung von Dörfern bleiben muss, werden alle wirtschaftlich relevanten Projekte verhindert, die Einfluss auf die Stadtentwicklung nehmen würden. Die Biotope der Alteingesessenen werden geschützt wie die Fachwerkhäuser im Vogelsberg. Damit die Hundebesitzer, Kanufahrer und Technopiraten weiterhin ungestört ihren Hobbys nachgehen können, werden den potenziellen Investoren so viele Auflagen diktiert, dass die ihre Büros und Fertigungshallen lieber woanders hinstellen.

Und weil in der Hauptstadt kaum etwas produziert wird, leben hier besonders viele Schmarotzer: Politiker, Journalisten und (Bundes-)Beamte, Studenten, Erben und Künstler – die ganze Stadt ist eine einzige Ich-AG, die von Subventionen lebt. Vom Finanzausgleich der Länder, von der Agentur für Arbeit, von Auftraggebern aus Westdeutschland, dem Verlag, der sich Korrespondenten in der Hauptstadt leistet, oder von den Eltern in ganz Europa.

Sie schöpfen keine Werte, von denen die Stadt sich finanzieren könnte. Für die meisten von ihnen ist Berlin ein Ort der Selbstverwirklichung, des Innehaltens im Strom der globalisierten Wirtschaft. Hier muss man nicht (viel) arbeiten, man kann mit wenig Geld überleben und es sich gutgehen lassen. Der Stillstand ist die Voraussetzung für die pure Form des sozialistischen Lebens – sagt der Kunsttheoretiker Boris Groys. Und lobt Berlin als Ort der realisierten Utopie.

Diese bestehe nämlich schlicht darin, dass man nicht so teuer für seinen Lebensstil bezahle. „Die Immobilien- und Restaurantpreise sind niedrig, und es handelt sich um eine zivilisierte Stadt in der Mitte Europas. Das zieht Leute aus der ganzen Welt an", sagt Groys. Wie im Paris der Zwanziger- oder im Moskau der Achtzigerjahre kann man in Berlin utopisch leben – in Armut und Stagnation. So wie es dem Wesen der Bohème entspricht.

Die Bezirke in Berlins Mitte sind utopische Orte, sie sind nirgendwo, nicht im Westen, nicht im Osten, sie sind nicht einmal in Deutschland, sie sind einfach jenseits. Oder sozialistisch, sagt Groys: „Strukturell gesehen ist Berlin eine Oase des Sozialismus in der Mitte Deutschlands, weil es alle Merkmale des Sozialismus aufweist – staatliche Subventionierung, wenig Arbeit, allgemeine Stagnation und sehr viel Freizeit." In der Utopie soll ja auch nichts produziert werden – außer das angenehme Leben.

Der Slogan der Marketing-Kampagne, die der Regierende Bürgermeister höchstpersönlich ins Leben gerufen hat und mit der Investoren in die Stadt gelockt werden sollen, lautet folgerichtig: „Be Berlin". Und alle Bewohner sind dazu aufgerufen, sich als kulturelles Gut zu präsentieren – nach dem Motto: Es ist nicht wichtig, wer du bist oder was du tust, du musst nur vorhanden sein. Eine ganze Stadt als alternatives Disneyland und die Einwohner als Zootiere: „Arm, aber sexy."

Mehr kann man auch nicht verlangen. Denn bedeutende Werke oder konkurrenzfähige Produkte entstehen nur unter Druck, unter extremer Anstrengung und unter Bedingungen des Leidens. Aus dem Angenehmen entsteht nichts wirklich Interessantes, das lehrt die (Kunst-)Geschichte. Aber das angenehme Leben ist für den, der es genießen kann, natürlich ein Wert für sich.

Sonst würde man ja der kapitalistischen Logik entsprechen, was man auf keinen Fall möchte. Es ist daher auch nicht notwendig, sich durch Produkte, Leistung, Erfolge oder etwas Wichtiges zu rechtfertigen. Man fühlt sich gut, und das reicht. Und um sich richtig gut zu fühlen, braucht man gut organisierte Netzwerke.

Wie seinerzeit in der DDR sind Beziehungen wichtiger als Geld. Konnte man dort vor dem Mauerfall – auch wenn man über die finanziellen Mittel verfügte – nichts kaufen, weil das, was man sehnlichst begehrte, nicht vorhanden war, so geht es heute um Exklusivität. Wer etwas Besonderes erleben möchte, wer für wenig Geld gut essen will, wer die coolsten Bands hören und die angesagte Kunst sehen will, braucht Informationen.

Und die bekommt er nicht aus der Stadtzeitung oder aus dem Hauptstadt-Blog, sondern nur von seiner „Peer Group", von den Leuten also, die ähnliche Interessen haben und sich über Netzwerke und Internetforen austauschen. Am besten, man läuft mit dem iPhone in der Hand durch die Stadt, damit man garantiert nichts versäumt. Zeit hat man ja genug dafür.

Wer zuerst schießt ...

*Angriff ist die beste Verteidigung. Wer den anderen bloß-
stellt, kann auch selbst die Hosen runterlassen. Den Berliner
kümmert es nicht, ob er eine gute Figur macht. Hauptsache,
er hat das letzte Wort.*

Der Berliner ist bekannt für seine „Schnauze". Er hat zu
allem und jedem eine Meinung, die er auch kundtut. Und
weil er keine Manieren hat, tut er es bei jeder sich bietenden, wenn auch noch so unpassenden Gelegenheit. Er ist
ungehobelt und legt wenig Wert auf sein Aussehen. Er
macht keinen Unterschied zwischen Männern oder Frau-
en, Freunden oder Touristen, Kunden oder Nachbarn –
alle werden erst mal vor den Kopf gestoßen.

Kann er eine süffisante Bemerkung auf Kosten seines
Gegenübers machen, lebt der Berliner auf. Bekommt er
eine passende Antwort, ist er glücklich. Eigentlich meinen sie es gar nicht so, versichern die Einheimischen immer wieder. Sie möchten nur reden. Das erinnert fatal an
den Standardsatz der Pitbull-Besitzer: „Er möchte nur
spielen."

Wer neu ist, ist erst einmal selbst schuld – an allem.
Werden Sie angerempelt, müssen Sie sich meist anhören,
welch ein Idiot Sie sind – selbst wenn Sie versucht haben,
aus dem Weg zu gehen. Egal ob im Supermarkt, an der
Tankstelle oder im Blumenladen: Freundliche Worte dürfen Sie hier nicht erwarten. Knallt Ihnen eine Frau im

Tiefkühlgang den vollen Einkaufswagen ans Schienbein, folgt meist ein vorwurfsvolles „Könn' Se nicht uffpassen?".

Je eher man dieses Prinzip begreift, desto besser lässt es sich hier leben. Beim ersten Zwischenfall sind Sie noch verwundert, möglicherweise sogar entsetzt. Mit ein wenig gutem Willen kann der Neu-Berliner das aber in den Griff kriegen. Es hilft ungemein, wenn er alle angelernten Formen von Höflichkeit und Rücksichtnahme vergisst und sich darauf konzentriert, als Sieger vom Platz zu gehen, sprich: dem Gegenüber (= Gegner) in jeder Hinsicht zuvorzukommen.

Das bedeutet in konkreten Alltagssituationen: Sich hinten anstellen ist ungefähr so doof wie nicht das größte Stück vom Kuchen zu nehmen. Der Nächste macht's bestimmt und lacht sich ins Fäustchen. Wer höflich und mit dem nötigen Abstand wartet, bis der Parkende rausgefahren ist, wird sich von einem heranbrausenden Flegel um den Platz betrogen sehen.

Für Manieren hat der Berliner keine Zeit, mit Höflichkeit hält man sich hier nicht auf. Oder auf Berlinerisch: Damit gewinnen Sie keinen Blumentopf. Was einmal witzig war, hat sich schnell erschöpft, wenn es ewig wiederholt wird. Beim ersten Mal findet die neue Mitarbeiterin im Fahrstuhl noch toll, was sie bei der fünften Auflage nervt: „Na, Frolleinchen, wo soll's denn hinjehn? Wat, bis in' sechsten Stock? So hoch hinaus? Na, Frollein, wenn det man jutgeht."

Manch ein Besucher lacht beim ersten Mal über die Zoten der Kollegen, die Zugezogene findet die anzügliche Bemerkung anfangs noch lustig, doch bald überwiegt der Ärger und man erlebt den Ton als rüde, die Aggressivität oft ohne Charme. Das Ausweichen auf die persönliche Ebene, wenn es um rein geschäftliche Dinge oder um die einfachsten Regeln des Services geht, hebt die beanstandete Aktion ins Private und somit auf das Niveau der Beleidigung.

Bezeichnend für diese Berlin-typische Kommunikation ist – als relativ neue Variante – der Satz: „Haben Sie ein Problem mit mir?" Man bekommt ihn immer öfter zu hören, und zwar immer dann, wenn der andere genau weiß, dass er im Unrecht ist. Wer hat schon ein Problem mit einem sturen Kellner oder unfreundlichen Verkäufer?

„Der Berliner ist grob, zanksüchtig, ohne Sentimentalität, eitel, exklusiv. Mit Berlin und dessen Weise ist für den Berliner alles erschöpft; er hat keinen Maßstab als diesen. Er weiß nicht nur alles, sondern er weiß alles besser; alles, was anders ist, ist schlecht." Diese Einschätzung des Schriftstellers Heinrich Laube aus dem Jahr 1837 kann man noch heute als vollinhaltlich richtig zitieren. So wird jeder, der nicht in der Stadt geboren ist, bei Diskussionen zurechtgewiesen, dass er als Zugewanderter wohl keine Ahnung habe.

Spätestens nach einer Generation aber ist man Ur-Berliner und kann die Neuankömmlinge piesacken. Und es versteht sich von selbst, dass alles, was es hier gibt, besser, größer und schöner ist als anderswo. Zur Illustration ein gern erzählter Witz: Kommt ein Berliner Knirps in die Alpen und meint, die Berge wären ja ganz schön mickrig. Auf den Einwand, dass es in Berlin gar keine Berge gäbe, entgegnet er: „Ja, aber wenn wir welche hätten, wären sie viel höher."

Der Berliner ist großspurig, vorlaut und grob. Wir sind Berlin und außerdem noch Hauptstadt. Auch wenn er selbst nichts dafür getan hat, ist er doch stolz darauf. Und pocht auf seine Vorrechte: drei Opernhäuser, zwei Dutzend Theaterensembles und jede Menge Festivals – warum denn nicht? Schließlich lockt das Kulturangebot die Touristen in die Stadt. Und das sind die Einzigen, die in Berlin auch viel Geld ausgeben.

Aber dass sie hier sein dürfen, das reicht ja wohl. Umgänglich sein muss man deswegen noch lange nicht. Mit der Freundlichkeitskampagne „Herz und Schnauze" wollte der Senat bei der Leichtathletik-WM beweisen, dass sich hinter der rauen Schale des Hauptstädters ein gutes Herz verbirgt. Die Charme-Offensive sei zwar nicht nötig, erklärte der Innensenator, jedoch: „Der Berliner Humor wird oft als harsch empfunden. Deshalb kann man nicht oft genug betonen, wie höflich und engagiert die Berliner sind."

Das sehen wohl nur die Einheimischen so. Als Zugezogener kann man nur sagen: Die Freundlichkeit wurde hier nicht erfunden. Die Umgangsformen sind rau, manchmal herzlich, für Außenstehende auf jeden Fall undurchsichtig.

Die bevorzugte Art der Kontaktaufnahme ist das Meckern. Es äußert sich in verschiedenen Formen: Das Gewohnheitsmeckern wird immer dann eingesetzt, wenn man nichts zu sagen hat, aber nicht schweigen möchte. Das Meckern zum Zweck der Kontaktaufnahme geht von der Annahme aus, dass eine Unterhaltung, die entsetzlich beginnt, eigentlich nur besser werden kann. Auch wenn man sie anschnauzt, lernt man Leute kennen, und hinterher stellt sich vielleicht heraus, dass sie recht nett sind. Ja, und dann findet sich in einer Großstadt immer der eine oder andere Anlass zum Meckern, für die realistische Variante also: Meckern aus gutem Grund.

Einen „Blubberkopp", also jemanden, der an allem herumnörgelt, dürfen ihn allerdings nur seine besten Freunde nennen. Beschwert sich ein Nicht-Berliner über seine Umgangsformen, wird er schnell zurechtgewiesen: „Red' doch keen'n Zimt! Een Fremda weeß doch nich Bescheid, wat hier läuft, wa?" Und wenn der Berliner dann „seen janzes Icke" in die Waagschale wirft, kann es leicht zu Irritationen kommen. Vorsicht ist also geboten, wenn man die Ebene des erstaunten Zuhörers verlässt.

Wer in Berlin bleibt, passt sich an. Die Abstumpfung findet fast unmerklich statt. Er wird zum „gelernten Berliner" – wie es der Autor Bernd Cailloux in seinem gleichnamigen Buch beschreibt. Es ist einfach eine Überlebensstrategie. Die täglichen Beleidigungen hält nur aus, wer sich darin übt, passend zu reagieren oder dem anderen zuvorzukommen. Wer zuerst blafft, hat gewonnen.

Der Berliner –
eine Verallgemeinerung

Die Stadt ist groß und unübersichtlich, doch ihre Bewohner gehen praktisch nicht weiter als über den Dorfplatz – der Kiez ist ihr Ein und Alles. Ost und West, Arm und Reich sind streng getrennt. In der Mitte hat sich ein schwarzes Loch geöffnet, in dem man Metropole spielt.

Den Berliner an und für sich gibt es nicht, es gibt den Ost-, den West- und den Neu-Berliner, den Charlottenburger, Köpenicker und Spandauer. Es gibt Türken, Polen, Russen und Vietnamesen. Junge französische Galeristinnen wollen Europäer sein und isländische Künstler werden in der ganzen Welt ausgestellt. Dass sie alle in Berlin leben, ist trotzdem kein Zufall.

Was sie alle verbindet, ist die Tatsache, dass Berlin die einzige Stadt ist, in der jeder so leben kann, wie er will: Egal ob man's aufregend oder beschaulich liebt, nostalgisch oder postmodern, à la mode oder alternativ – für Unterhaltung ist gesorgt, für jedes Hobby gibt es Gleichgesinnte, und weil man in Ruhe gelassen werden will, interessiert sich auch keiner dafür, was die Nachbarn so treiben.

Andere Metropolen wollen, dass man sich anpasst, dass man hervorsticht, Erfolg hat und etwas zum Ruhm der Stadt beiträgt, Berlin lässt einen in Ruhe. Berlin ist und war nie Schmelztiegel für irgendetwas. Hier integriert sich keiner. Wer in Berlin lebt, lernt einfach, dass es den anderen gibt. Und wie er ihm gegenübertreten muss, um nicht unterzugehen.

Abgesehen von seinen rustikalen Umgangsformen und der berühmten Schnauze hat der Berliner aus Steglitz wenig gemein mit dem aus Hellersdorf. Diese beiden Bezirke liegen zufällig auch noch am entgegengesetzten Ende der Stadt. Es kostet ihn also – je nach Verkehrslage – ein bis zwei Stunden, sollte einer aus dem Südwesten jemals das Bedürfnis haben, den anderen im Osten zu besuchen. Doch warum sollte er das tun?

Entscheidend für das Wohlgefühl der Berliner sind die klaren Trennungen, räumlich und geistig. Hier die Autowäscher und Hundehalter von Tempelhof und Steglitz, da die Müslis, Anarchos und Türken in Kreuzberg, dort die ergrauten Alt-68er von Charlottenburg, die sich beim Prosecco vom jahrzehntelangen Marsch durch die Institutionen erholen. Dazu kommt noch das schwule Milieu in Schönberg und – seit der Wende – das ultracoole Mitte, der aufgemotzte Prenzlauer Berg und das hippe Friedrichshain.

Ja, und schon fast „jwd" (also janz weit draußen) erheben sich die Plattenbauten von Marzahn und Hellersdorf, wo die Hartz-IV-Empfänger leben und die SED-Nachfolgepartei „Die Linke" immer neue Wahlerfolge feiert. Wer in Spandau wohnt, fährt im Leben nicht nach Pankow oder Köpenick, östlich der Friedrichstraße hört für ihn die Stadt auf, dahinter ist Feindesland. Was muss man nicht alles von Überfällen auf unbescholtene Bürger lesen, die sich in diese No-Go-Areas gewagt haben.

Umgekehrt ist für die Bewohner von Buch, Lichtenberg oder Treptow am Alexanderplatz Endstation. Und das gilt nicht nur für die Straßenbahnen, sondern auch für ihre Wahrnehmung der Hauptstadt. Warum sollten sie zum Ku'damm fahren, wenn es doch das Alexa gibt? So wie der Südwesten in seine Schlossstraße zum Einkaufen geht, fahren die Ossis in ihr Zentrum am Fernsehturm. Da fühlt man sich zu Hause, warum sollte man sich in die Fremde begeben?

Und fremd ist man hier schnell. Wie in jedem bayrischen Dorf heißen Auswärtige – ob Touristen, Geschäftsleute oder Gäste – in Berlin abschätzig „die Fremden". Zwischen den Alltagsgewohnheiten, Lebensstilen und Perspektiven der Kiez-Bewohner in beiden Teilen der Stadt liegen Welten. Und doch haben Misstrauen gegenüber Außenstehenden, die permanente Beschäftigung mit sich selbst und eine gesellschaftlich bedingte Weltfremdheit alle Gruppen stärker gemeinsam getönt, als ihnen vor der Maueröffnung bewusst war. Immer unverhohlener wurde Spießigkeit als Lebensqualität verherrlicht.

So haben die verschiedenen Berliner doch ganz viel gemeinsam. In der Verteidigung ihrer jeweiligen Eigentümlichkeit sind sie sich ähnlicher, als es ihre Differenz sie selbst erahnen lässt. Immer wieder liefern sie sich Gefechte darüber, wo die Stadt lebenswerter ist. Doch im

Grunde geht es nur darum, wer im Konzert der Berliner Szene den Ton angibt.

Manchmal hat man fast den Eindruck, als würden sie alle in ihrem eigenen Paralleluniversum leben. So ähnlich wie sich die Helden in Science-Fiction-Filmen ihr eigenes Raum-Zeit-Kontinuum schaffen, um sich ihrer Feinde zu entledigen, leben die Berliner – jeder für sich in seiner kleinen Welt, die nur die selbst definierte Gruppe, Szene oder unmittelbare Umgebung einschließt.

Alles, was nicht dazupasst, wird einfach ausgeblendet. Mag der Nachbar als Transe verkleidet im Morgenmantel einkaufen gehen, was kümmert es den Rentner, der sich am Kiosk mit seinen Freunden trifft. Kalle, Paul und Fritze kennen sich seit immer, und wenn einer fehlt, gehen die anderen nachsehen, ob ihm was passiert ist. Gemeinsam ziehen sie über den Bürgermeister her und wettern gegen den Hund des Nachbarn. Lässt man sie in Ruhe, tun sie auch keinem was.

Mancher hat schon die Vermutung geäußert, dass es so viele Minderheiten, Neigungsgruppen und Außenseiter in der Stadt gibt, dass es sich gar nicht lohnt, sich über eine einzelne zu mokieren. Damit würde man das Gleichgewicht der Schwäche zerstören.

Man wird schwerlich einen Berliner finden, der stolz auf die Stadt als solche ist. Er definiert sich – wenn überhaupt – über seinen Stadtteil, ist also Schöneberger, Wilmersdorfer oder Köpenicker. Man hat nicht nur eine eigene Altstadt, sondern auch eine eigene Tradition. Und jenseits der Havel heißt es immer noch Berlin bei Spandau. Schließlich gab es deren Festung schon lange vor der Berliner Stadtmauer.

Groß-Berlin wurde 1920 durch die Eingemeindung der umliegenden Städte und Dörfer geschaffen. Aber dadurch, dass man Charlottenburg, Steglitz, Zehlendorf, Reinickendorf und Lichterfelde zu Stadtbezirken machte, wurde noch keine Großstadt aus det Janze, sondern eher eine Agglomeration regionaler Kleinzentren. Und deshalb gehen die Einwohner lieber auf ihren jeweiligen Hauptplatz als nach Mitte.

Der – selbst gewählte – Aktionsradius des Berliners ist aber noch deutlich eingeschränkter. Die Einheimischen sprechen gern von ihrem Kiez, in dem sie sich wohlfühlen und überwiegend aufhalten. Anders ausgedrückt: Jeder Dorfbewohner kommt mehr herum. Der Berliner verlässt sein angestammtes Quartier – sprich: das Ensemble weniger Straßenzüge, das durch die überlebenswichtigen Aktivitäten Einkauf, Kneipenbesuch und Friseur definiert wird – nur, wenn es absolut notwendig ist: im Fall einer Katastrophe oder zum Geldverdienen – was für viele das Gleiche bedeutet.

Will jemand unbedingt „Berliner" sein, kann man davon ausgehen, dass er seit maximal drei Monaten in Berlin-Mitte lebt und dort eine Galerie betreibt. Oder Schauspieler ist und gerade eben ein Engagement in einer Daily Soap ergattert hat. Die Frage nach ihrer Herkunft beziehungsweise Zugehörigkeit beantwortet diese Spezies der

Neu-Berliner gerne mit „Europäer", jene nach der beruflichen Betätigung zumeist mit der diffusen Beschreibung irgendwelcher Kunst- oder Medienprojekte.

Hier, in der neuen Mitte von Berlin, ist das Neverland des Peter Pan, wo nie einer erwachsen wird und die Popkultur den Tagesablauf bestimmt. Die Flagship Stores der Mode- und Turnschuhlabels rund um den Hackeschen Markt, die Cafés und Bars zwischen Alexanderplatz und Friedrichstraße sind durch Filme und TV-Serien bereits zum Sehnsuchtsort des ganzen Landes geworden – zumindest für die Generation Pop. Jeder möchte zur „Digitalen Boheme" gehören, deren Zuhause hier irgendwo vermutet wird.

Die Bewohner von Mitte ernähren sich von Latte macchiato, Eitelkeit und langen Gesprächen, in denen es darum geht, wer was mit wem macht oder machen will. Typischer Einstieg: „Was macht dein Projekt?"

Aus reiner Missgunst nähren die Kreuzberger Alternativen und die Friedrichshainer Studenten die Vorurteile der Spießer und Althippies gegen die „Mitte-Fressen" und deren Frisuren oder Sonnenbrillen. In Wirklichkeit würden sie alle sofort hierherziehen, wenn sie sich die Wohnungen, das Koks und die Parkgebühren leisten könnten. Und weil die jungen Männer mit den sorgfältig gegelten Haaren sie gar nicht beachten, werden schon mal ein paar Porsches und SUVs abgefackelt. Im Kampf gegen die globale Gentrifizierung kann es durchaus zu Sachschäden kommen.

Dieser Begriff wird in der Diskussion um die Zukunft der Städte zusehends bemüht. Er kommt aus London und bezeichnet die Inbesitznahme ganzer Stadtviertel durch die sogenannte kreative Klasse. Das geht weltweit ähnlich: Nicht renovierte Altbauwohnungen, stillgelegte Fabriketagen und leerstehende Hinterhöfe werden von Künstlern, die billige Wohn- und Atelierräume suchen, instand gesetzt. Rund um die Ateliers entstehen Kneipen und Clubs. Die neuen angesagten Stadtviertel werden durch Mundpropaganda, Szenereporter und Immobilien-Agenturen bekanntgemacht. Mit zunehmendem Publikum kommen Touristen, Kunsthändler und Spekulanten. Die Wohnungen werden saniert, die Fabriketagen zu Lofts umgebaut, aus den Hinterhöfen werden Townhouses und das Viertel wird von den gut verdienenden Selbstständigen in Besitz genommen.

Mitte und Prenzlauer Berg haben diese Wandlung schon hinter sich. Die nächsten Stadtteile, die chic gemacht werden, sind Friedrichshain und Teile von Pankow und Kreuzberg. Neukölln und Wedding sind im Kommen, aber hier dürften die Türken und Hartz-IV-Empfänger wohl noch länger in der Mehrheit bleiben. Aber Mitte ist überall und der neue Adel sehr erfolgreich, auch wenn es nur der niedrige ist, von dem sich die Gentrifizierung herleitet.

Wie der Berliner wurde, was er ist – eine Typologie

Am Rande der Zivilisation

Auch wenn heute wieder viel von der Mitte die Rede ist: Berlin stand noch nie im Zentrum der Kulturgeschichte. Doch es hat eine lange Geschichte der Toleranz. Hier wurden schon immer alle willkommen geheißen, die man anderswo vertrieben hatte. Und sie haben den Charakter der Bewohner geprägt.

Berlin liegt am Rand des deutschen Kulturraums, nicht in der Mitte. Die süd- und westdeutschen Städte blickten auf eine fast tausendjährige Kulturgeschichte zurück, als man hier die erste Stadtmauer errichtete. Der Aufklärung fehlte das Fundament des Glaubens, der Herrschaft die Tradition. Also versuchten die Preußenkönige, Kultur zu importieren.

Immerhin haben sie sich – ob aus Not oder aus Tugend sei dahingestellt – erstaunlich tolerant gezeigt. Galt in den meisten Fürstentümern, Grafschaften und Stadtstaaten das Prinzip des „cuius regio, eius religio" – also: wessen Land, dessen Religion –, wurden in Preußen alle freudig aufgenommen, egal welchem Gott sie dienten. Sogar die Juden waren geduldet, mussten aber hohe Abgaben zahlen.

Doch freiwillig hat sich hier, so weit im Osten, niemand angesiedelt. Schon die Hugenotten, die der preußischen Garnisonsstadt den ersten Anstrich von Bürgerlichkeit verleihen sollten, zogen aus reiner Not an die Spree. In Frankreich wären sie ermordet worden, also folgten sie dem Ruf von Kurfürst Friedrich Wilhelm, der ihnen Religionsfreiheit versprach. Sie dankten es ihm mit Kartoffeln und französischer Kultur.

Ihr Einfluss blieb aber gering: Weder nahm die örtliche Küche ihre Anregungen auf, noch wurde eine Weinkultur entwickelt. Nur einige Begriffe und falsche Endungen im Berlinerisch erinnern an diese reichen Einwanderer, die sogar mitten im Zentrum ihre eigene Kirche bauen durften – den Französischen Dom. Allerdings mussten sie als Ausgleich den gleich gegenüber errichteten Deutschen Dom auch finanzieren.

Berlin blieb bäuerlich und militärisch. Bis ins 19. Jahrhundert war es vor allem eine Stadt des Militärs. Deshalb spricht man auch von „Mietskasernen": Es wurden Wohnräume für die Familien der Armeeangehörigen gebraucht. Weil man dauernd Krieg führte und die Soldaten auch mal nach Hause wollten, errichtete man Wohnquartiere rund um die Kasernen.

Mit der Industrialisierung entstand das Proletariat. Die Bauern, denen die Junker Grund und Boden geraubt hatten, waren gezwungen, sich in Berlin als Fabrikarbeiter zu verdingen. Nach dem Sieg im Deutsch-Französischen Krieg 1871 nahm Berlin einen ungeahnten Aufschwung. Es wurde zum wichtigsten Produktionszentrum zwischen Paris und St. Petersburg.

Letzteres sollte das prägendste der drei Elemente bleiben, welche die historische Grundlage für die Ausbildung des Berliner Charakters darstellen: preußisch, protestantisch, proletarisch. Die Stadt wuchs sehr schnell, für Manieren oder Umgangsformen war keine Zeit. Kultur wurde zugekauft, wenn das Geld vorhanden war. Der Berliner Dom wurde als Replik errichtet, und der Baustil der Gründerzeithäuser, die damals entstanden, war schon postmodern. War der Rohbau fertig, fragten die Bauarbeiter am Ku'damm: „Und welcher Stil soll jetzt dran?" Entsprechend wurde dann der Stuck appliziert.

Nach 1918 kamen die Kriegsverlierer. Aus Offizieren wurden Eintänzer, die arbeitslosen Militärangehörigen sammelten sich in der Hauptstadt. 1920 entstand (Groß-) Berlin in seiner heutigen Form aus der Zusammenlegung der umliegenden Städte und Gemeinden mit der Hauptstadt, die bis 1942 ihre Einwohnerzahl auf viereinhalb Millionen steigerte.

Die Arbeiter, Hausangestellten und Kellnerinnen kamen aus Ostpreußen. Wie die Mutter von Klaus Wowereit. Sie sind die Ur-Berliner von heute, diejenigen, die am längsten in der Stadt leben. Aus vorpommerschen Gutsbesitzern und Tagelöhnern wurden nach dem Zusammenbruch des Nationalsozialismus Vertriebene, für viele Heimatlose war Berlin die erste Station auf ihrer Flucht in den Westen.

Wer reich war oder Verwandte „drüben" hatte, ging spätestens nach dem Mauerbau in den Westen. Wer Wirtschaft treiben oder Karriere machen wollte, verabschiedete sich von der eingeschlossenen Stadt. Zurück blieben diejenigen, die nicht über den Ehrgeiz oder die Mittel verfügten, um sich abzusetzen. Diese Zurückgebliebenen bilden das Sediment, die unterste Schicht des Berliner Charakters: die Grundaggressivität, die sich vom Gefühl der Benachteiligung ableitet, und der nonchalante Umgangston, weil man meint, sich deswegen alles erlauben zu können.

Aufbauend auf dieser Konstante gibt es verschiedene Variationen, in denen sich dieser Charakter äußert. Der Ton, die Verhaltensweisen und die Umgangsformen sind je nach Alter, Bezirk und Herkunft leicht unterschiedlich, allen gemein ist das Fehlen jeglicher Eleganz, Höflichkeit oder auch nur Freundlichkeit, obwohl es natürlich Ausnahmen gibt.

Und bisweilen schüttet einem einer der Ureinwohner sein Herz aus, wenn man sein Auftreten einfach übergeht und den äußeren Panzer seiner beleidigten Seele überwunden hat.

Vom Vakuum, das die wirtschaftliche Talfahrt Berlins hinterließ, wurden all jene magisch angezogen, die ohnehin kein Interesse am Profit hatten oder ihn sogar bekämpften. Aus der Enklave des freien Westens wurde die Fluchtburg der politischen Linken. Hier wurde gegen den Besuch des Schahs demonstriert, hier sammelten sich Wehrdienstverweigerer, RAF-Mitglieder und -Sympathisanten, Maoisten, Trotzkisten und Studenten, die möglichst weit weg von den Eltern einfach abhängen wollten.

Vor allem Kreuzberg war in den Achtzigerjahren das Experimentierfeld der Alternativenbewegung, hier entstand das grüne Milieu. Alle fanden hier ihr Zuhause: Dritte-Welt-Gruppen und Ökoapostel, Schwule und Lesben, Philosophen und Hausbesetzer, Punks, Raver und Technofans, Selbsthilfegruppen für natürliche Geburt und durchgeknallte Künstler. Es gab reichlich billigen Wohnraum, keine Sperrstunde und weitgehend unkontrollierte Aufenthaltsorte im Schatten der Mauer.

Beide Gruppen, die eher theoretisch orientierten Studenten und späteren Professoren, Lehrer und Buchhändlerinnen wie auch die Milieus, die sich selbst außerhalb der etablierten Gesellschaft organisierten, haben Berlin entscheidend geprägt – vor allem die innerstädtischen Bezirke Westberlins. In Charlottenburg, Schöneberg und Kreuzberg sind die Alt-68er und ihre Nachfolger mehrheitsfähig, auch wenn sich viele von ihnen von der Utopie verabschiedet und einige sogar den Weg in höchste Regierungsämter geschafft haben.

Auch die Anwerbung billiger Arbeitskräfte aus der Türkei brachte neues Leben in die Hinterhöfe der Kreuzberger und Weddinger Arbeiterquartiere, die für den Abriss bestimmt waren. Weil die „Gastarbeiter", die in der hoch subventionierten Berliner Elektro- und Lebensmittelindustrie gebraucht wurden, bald wieder nach Hause zurückkehren sollten, kümmerte man sich nicht weiter um ihre Sitten. Nun stellt man fest, dass sie keine Christen sind, ihre Frauen verschleiert aus dem Haus gehen und sich ganze Schulklassen nur noch auf Türkisch unterhalten.

1989 wurden die alternativen Milieus erschüttert und die vor sich hin dämmernden Bürgersöhnchen jäh aus ihrem Vorruhestand gerissen. Seit Jahrzehnten nicht mehr betretene Bezirke wurden zwar nach wie vor als feindliches Ausland betrachtet, aber deren Bewohner tauchten plötzlich am Ku'damm auf, um noch mehr Unterhaltungselektronik zu kaufen als die gefürchteten Polen. Ehe sich die Wessis den Schlafsand aus den Augen gerieben hatten, war die Mauer verschwunden. Statt den Vopos sahen sie jetzt den Bauarbeitern dabei zu, wie sie die Tundra am Potsdamer Platz zuerst in eine riesengroße Baugrube und dann in ein Zuckerbäcker-Downtown verwandelten.

Und weil zusammenwachsen sollte, was sich noch nie verstanden hatte, zog die Regierung mit einem Teil der Beamtenschaft 1999 vom Rhein an die Spree. Man schmiedete hochfliegende Pläne für die neue Hauptstadt, von mehr als fünf Millionen Einwohnern war die Rede. Seitdem hat die Stadt einen Leerstand an Büroräumen im zweistelligen Bereich, eine hohe Quote von Wochenendpendlern und dreimal so hohe Restaurant- und Wohnraumpreise in den begehrten Innenstadtbezirken.

Doch Berlin ist groß und Geiz ist geil: Weil die Mieten in der deutschen Hauptstadt im Vergleich zu London, Paris oder Kopenhagen noch immer sensationell günstig sind, zieht es die „kreative Elite" aus ganz Europa hierher. Galerien schießen wie Fliegenpilze aus dem Boden, Privatmuseen werden gegründet, und die Immobilienspekulanten folgen auf dem Fuß. Die genussfreudigen Bohemiens richten sich eine Künstleroase mitten in Europa ein. Sie wollen einfach nur gut leben. Ohne Rücksicht auf andere und ohne Interesse daran, wer dieses Inseldasein finanziert.

Und weil sie alle den Berliner Charakter ausmachen und man – je nach Arbeits- oder Wohnort – ganz verschiedenen Einwohnern begegnen kann, soll im Folgenden auf die wichtigsten, stilbildenden Gruppierungen eingegangen werden.

Der Frontstadt-Bewohner und Westberliner Filz

Ältere Berliner erzählen heute noch gerne davon, dass sie die Freiheit verteidigt haben, während alle anderen flohen. Bis zur Jahrtausendwende regierte der Filz aus Provinzpolitikern und lokalen Bauunternehmern die Stadt. Die Bundesrepublik finanzierte die Mauerstadt aus schlechtem Gewissen.

Der Frontstadt-Bewohner hat die Blockade mitgemacht. Oder er kennt sie zumindest aus Erzählungen. Seine Freunde sind nach Westdeutschland gegangen, um Karriere zu machen. Er ist geblieben – aus familiären, sentimentalen oder praktischen Gründen. Er hat gegen die Schließung des Flughafens Tempelhof gestimmt. Er unterschreibt für die Erhaltung der Komödie am Kurfürstendamm.

Dass der Bahnhof Zoo nur noch von der Regionalbahn angefahren wird, hat ihn ins Mark getroffen, und dass das Zentrum Berlins neuerdings „Unter den Linden" sein soll, darüber kann er nur lachen. Das Brandenburger Tor begrenzt seinen Horizont. Lindenoper oder Deutsches Theater sind für ihn im tiefsten Osten.

Sein Vorteil: Er war schon immer da und lässt sich nicht so leicht vertreiben. Sein Nachteil: das Alter. Irgendwann stirbt er aus – und mit ihm die Berliner CDU. Es sei denn, sie schafft die Neuorientierung, aber das ist unwahrscheinlich. Nicht der Wunsch nach Veränderung treibt sie an, sondern die Nostalgie.

Am Anfang stand eine wirkliche Heldentat: in der eingeschlossenen Stadt auszuhalten, der Blockade der Sowjets zu widerstehen. Genau betrachtet waren es die amerikanischen Piloten, die den aktiven Part bei der Verteidigung des Westens gegen die russische Bedrohung innehatten, die Berliner waren nur das Publikum. Sie konnten auch gar nichts anderes tun als warten. Warten, bis sie was zum Essen bekamen, zum Trinken und zum Heizen. Sie fühlten sich trotzdem als Helden, die sich für die Freiheit opferten. „Ihr Völker der Welt, schaut auf diese Stadt", deklamierte Ernst Reuter, der Regierende Bürgermeister.

Heute klingt es nur mehr pathetisch, aber immerhin: Die Bedrohung war real. Und für den, der mitten in dem Konflikt in einer schlecht beheizten Wohnung im zerbombten Nachkriegs-Berlin saß, hatte die Situation wirklich etwas historisch Bedeutsames. Später aber wurde daraus das Handaufhalten der Berliner Politik. Man harrte aus im Angesicht der Bedrohung, hielt die Fahne der Freiheit hoch, bedroht von einem System, das die Menschen unterjochte.

Das war der moralische Impetus, der die BRD-Regierungen zwang, ständig noch mehr Geld lockerzumachen, die Berlin-Zulage zu bezahlen, aberwitzige Wünsche der Parteifreunde zu erfüllen. Zauderte man, gab es einen Anpfiff von den Alliierten. Oder ein unvorhergesehenes

Ereignis wie der Mauerbau verlieh den Forderungen Nachdruck. Reumütig wurden die Mittel bereitgestellt – im Namen von Freiheit und Demokratie.

Die Hälfte des Stadtbudgets wurde routinemäßig von Bonn gestellt, ohne dass groß darüber gesprochen oder gar Aufhebens darum gemacht wurde. Mehr als 120 Milliarden Euro flossen bis zum Fall der Mauer. Diese Finanzmittel formten die Stadt. Sie züchteten eine seltsame Wirtschaft heran: Niedrig qualifizierte Fließbandarbeit wurde nach Westberlin verlagert, während know-how-intensive Produkte kaum hergestellt wurden. Westberlin wurde zur verlängerten Werkbank der westdeutschen Ballungszentren – unfähig zur eigenständigen Entwicklung.

Die Aufrechterhaltung von völlig veralteten, in keiner Weise konkurrenzfähigen Produktionsstätten sollte sich nach dem Fall der Mauer als schlimmste Hypothek der jahrzehntelangen Teilung herausstellen. Denn nach der Wiedervereinigung wurde die Berlin-Zulage gestrichen, die Subventionen wurden zunehmend für die Entwicklungsgebiete im Osten der Stadt gebraucht.

Während im produzierenden Gewerbe Ostberlins die Zahl der Arbeitsplätze auf weniger als die Hälfte reduziert wurde, rechnete man im Westen fest mit dem Aufschwung. Die Prognosen, Berlin werde – bedingt durch Hauptstadtentscheidung, Ostöffnung und den Zuzug von Beamten, Firmen und Angestellten – seine Bevölkerungszahl um die Hälfte steigern und immense Kapazitäten an Büro- und Wohnraum benötigen, verleiteten den

Senat dazu, selbst für eine wunderbare Geldvermehrung zu sorgen.

Was nicht so ganz klappte und in der Folge als „Bankenskandal" bekanntwurde. Die damit verbundene Spendenaffäre führte 2001 zum Ende der CDU-SPD-Koalition unter Eberhard Diepgen. Und in Folge zur Bildung des rot-roten Senats. Obwohl jahrelang im Senat für Finanzpolitik zuständig, gelang es Klaus Wowereit mit seiner nonchalanten Art, seine Verbindungen zum Korruptionskartell vergessen zu machen.

Berlin hat seine Finanzkrise also schon einige Jahre früher erlebt. Die Folgen der jahrzehntelangen Misswirtschaft – ein Schuldenberg von 60 Milliarden Euro – belasten jeden Berliner, vom Baby bis zum Rentner, mit etwa sieben Euro Zinsen pro Tag. Das Defizit hängt wie ein Damoklesschwert über allen Budgetverhandlungen und verhindert jede vernünftige Diskussion über die Zukunft der Stadt.

1990 belief sich die Verschuldung Westberlins auf 9,3 Milliarden Euro. Durch die Machenschaften und Versäumnisse der Politik in den Nach-Wende-Jahren hat es sich versiebenfacht. Man wirtschaftete eben so weiter, wie man's gewohnt war, und vertraute auf den Bund, der doch notfalls immer alle anfallenden Rechnungen übernommen und als „Bundeshilfe" an Berlin bezahlt hatte.

Durch diese Praxis konnten sich Seilschaften und Filz ausbreiten. Betrügereien und undurchsichtige Vergabepraktiken waren an der Tagesordnung. Bei Flughäfen, Straßen, Stadien und anderen Bauvorhaben wurde gezielt falsch kalkuliert, „Nebenkosten" wurden an die Parteien weitergereicht, Folgegeschäfte brachten zusätzliche Einnahmen für alle Beteiligten. Eine Kontrolle war nicht vorgesehen, CDU und SPD regierten als gemeinsamer großer Klüngel, eine ernstzunehmende Opposition gab es nicht.

Für immer Wedding

Eberhard Diepgen und Harald Juhnke sind die Helden des Westberliner Kleinbürgertums, das in der Mauerstadt die Machtpositionen besetzte: Beide stammen aus dem Wedding und sind nie über Berlin hinausgekommen. Marlene Dietrich, eine wirkliche Verteidigerin der Demokratie, wird hingegen wenig geschätzt.

Ein Club von Potentaten gab den Ton an. Politiker, die unbeirrbar und von niemandem gestört jahrzehntelang an der Macht blieben, ein paar Wirtschaftsbosse, aus der Baubranche vor allem, die unter sich Einfluss und Steuervergünstigungen aufteilten. Der Presseball, gesellschaftlicher Höhepunkt des Jahres, war eine Mischung aus Provinzposse und Sektlaube.

Doch die Geschmacksarmut kommt nicht von ungefähr: Das weltoffene, liberale – und oftmals von assimilierten Juden geprägte – Bürgertum wurde von den Nazis vertrieben. Nach 1945 flohen Bourgeoisie und preußischer Adel aus dem sowjetischen Sektor. Und nachdem in den Sechzigerjahren große Firmen wie AEG oder Siemens ihre Zentralen ins sichere Westdeutschland verlegt hatten, war der Exodus des Bürgertums vollbracht.

In Westberlin wurde das Vakuum vom Kleinbürgertum besetzt, das sich zur herrschenden und stilprägenden Klasse aufschwingen konnte. Eberhard Diepgen war der prototypische Vertreter dieser Spezies – ein Kleinstadtpolitiker ohne Ausstrahlung, aber mit einem Hang zum Größenwahn. Seine Position an der Spitze konnte er über Jahrzehnte aufrechterhalten, weil er sich im Berliner Filz bewegte wie eine Laus im Pelz.

Man verehrte Hildegard Knef, Conny Froboess und Evelyn Künneke. Drafi Deutscher wurde Mitte der Sechzigerjahre kurzzeitig berühmt, sein „Marmor, Stein und Eisen bricht" ist ein Longseller und nach wie vor ein Lieblingsschlager der Berliner. Seine Karriere nahm ein jähes Ende, als die *Bild*-Zeitung ihn zur Gefahr für den Nachwuchs erklärte. Der wilde Rocker hatte betrunken von einem Balkon gepinkelt.

Der wohl bekannteste Schauspieler der Frontstadt

Wegen seiner Ausfälle ist auch ein anderer Berliner zu zweifelhaftem Ruhm gelangt, der nach der Wende noch viele Anläufe zu einer seriöseren Karriere nahm, aber letztlich scheiterte. Obwohl Harald Juhnke ernsthafte Film- und Theaterrollen spielte, interessierten sich die Medien nur für seine Exzesse. Seine Verfehlungen waren prägender für seinen Ruhm als seine Erfolge.

Angefangen hat alles im Wedding, im Stadtteil Gesundbrunnen: tiefstes Berlin, Nährboden einer zwielichtigen Lokal-Mythologie. Die Gegend, von den Einheimischen „Plumpe" genannt, gilt als Keimzelle des Fußballvereins Hertha BSC. Auch Diepgen hat hier seine Wurzeln. Juhnke hat später einmal für ihn Wahlwerbung gemacht. Herkunft verbindet eben.

Und den Wedding kann und will Juhnke nie ganz ablegen, auch wenn er standesgemäß in den Grunewald zieht. Das Milieu, in dem er aufwächst, ist zutiefst kleinbürgerlich – keine Spur von „rotem Wedding". Das einzige Kind der Familie Juhnke ist im Jungvolk und in der Hitlerjugend. Berufswunsch: Jagdflieger.

Im Deutschen Theater entdeckt er die Schauspielerei für sich. Im Maxim-Gorki-Theater steht er 1948 erstmals auf der Bühne. Fast 50 Jahre später wird er in seiner Paraderolle als „Hauptmann von Köpenick" dorthin zurückkehren und als großer Schauspieler gefeiert werden. In den Jahren dazwischen macht Juhnke fast alles: Kino, Theater, Musik. Er spielt am Ku'damm, gibt den Conférencier, singt und – trinkt. Karriere aber macht er in dem Medium, das dem Kleinbürger am nächsten ist: im Fernsehen. Juhnke gab den immer ein wenig vorlauten Conférencier im Smoking mit dem messerscharf gezogenen Seitenscheitel.

Der hat meist einen zu viel hinter die Binde gekippt, wenn er versucht lustig zu sein. So ist das in Deutschland in der Zeit, als man in sich gehen und die Vergangenheit verarbeiten musste: Der Humor war auffallend oft mit Alkohol verbunden. Juhnke fiel die Sisyphusaufgabe zu, den Berliner Humor zu repräsentieren und zu regenerieren. Kein Wunder, dass er so viel trinken musste.

Wilmersdorfer Witwen

Die Wilmersdorfer Witwen gelten als unverbesserliche CDU-Wählerinnen, deren wichtigstes Anliegen die Verteidigung Berlins gegen den Bolschewismus ist. Das 1986 uraufgeführte Musical „Linie 1" des Berliner Grips-Theaters prägte die Bezeichnung, die seither so gern verwendet wird. Die vier W. W. singen dort unter anderem:

„Ja, wir Wilmersdorfer Witwen verteidigen Berlin,
sonst wär'n wir längst schon russisch, chaotisch und
grün.
Was nach uns kommt ist Schiete,
denn wir sind die Elite."

Sie sind vermögend, leben in einem der bürgerlichen Stadtteile im (Süd-)Westen Berlins und sind so was von konservativ, dass sie im Stechschritt gehen würden, wenn sie denn gingen. Aber sie fahren mit dem Bus zum Wiener Caffeehaus am Roseneck oder lassen sich zum Kranzlereck fahren – von jüngeren Verwandten aus dem Westen, die an der „Freien Universität" in Dahlem studieren und bei ihnen zur Untermiete wohnen.

Ihre Kleider kaufen sie bei Peek & Cloppenburg. Wenn sie sich einen Leckerbissen gönnen möchten, schauen sie im KaDeWe vorbei. Als das Ende der Boulevard-Bühnen am Ku'damm drohte, fürchteten sie, die regierenden Sozis wollten ihnen die Lizenz zum Amüsement entreißen. Hier haben sich die Verteidiger des Westens immer gern ihres Zusammenhalts versichert – bei einem Piccolo in der Pause von „Fenster zum Flur" mit Inge Meysel oder „Ich heirate eine Familie" mit Thekla Carola Wied und Peter Weck.

Wann immer es um die Insignien des Frontstadt-Daseins geht, sind sie zur Stelle und engagieren sich für deren Erhalt. Leider konnte auch die geballte Medienmacht des Springer-Verlags ihren Flughafen Tempelhof nicht retten. Man hatte zwar keine praktische Verwendung mehr für die monumentale Anlage, aber das Symbol der Blockadezeit sollte doch einsatzbereit bleiben – man kann ja nie wissen. Und im Grunewald hört man den Fluglärm auch gar nicht.

„Ich bin, Gott sei Dank, Berlinerin"

So heißt die Autobiografie einer Frau, die wirkliches Rückgrat bewies und sich nicht von einer Diktatur bestechen ließ: Marlene Dietrich. Sie war 1930 in die USA ausgewandert und drehte dort mit ihrem Entdecker und Förderer Josef von Sternberg, später auch mit Hitchcock, Lubitsch und Orson Welles. 1936 wollte Goebbels sie mit hohen Gagen und traumhaften Drehbedingungen zurück nach Berlin locken. Aber sie lehnte ab.

Weil sie sich im amerikanischen Exil – zuerst als Fluchthelferin und später als Sängerin bei der Truppenbetreuung an der Front – gegen die Nazi-Diktatur stellte, hält man sie zu Hause nach wie vor für eine Vaterlandsverräterin. Durch ihr Handeln habe sie sich gegen viele Millionen einfacher deutscher Soldaten gestellt, so die von den Westberlinern offensiv vertretene Meinung.

1960 war sie zum letzten Mal auf Tournee in Berlin, danach hat sie ihre Heimatstadt nie wiedergesehen. In ihren letzten elf Jahren in Paris verließ sie ihr Bett nicht mehr, starb schließlich tablettensüchtig und alkoholkrank.

Die Stadt kaufte ihren Nachlass. Der Platz vor dem Casino, wo alljährlich die Berlinale eröffnet wird, wurde nach ihr benannt. Auf einer Gedenktafel ist zu lesen: „Berliner Weltstar des Films und des Chansons. Einsatz für Freiheit und Demokratie, für Berlin und Deutschland." Zu ihrem 100. Geburtstag entschuldigte sich das Land Berlin offiziell für die Anfeindungen und verlieh ihr posthum die Ehrenbürgerschaft. Viele Berliner protestierten.

Der Westberliner Bürgerschreck

Die 68er und ihre Erben prägen die Stadt mehr, als manchen ihrer Bewohner lieb ist. Auch wenn sich viele vom Revolutionär zum Renegaten gewandelt haben, ist ihre Hinterlassenschaft nicht mehr wegzudenken und macht einen bedeutenden Teil des Flairs der Hauptstadt aus.

Er war einst der Todfeind des Frontstadt-Berliners. Der Feind im Inneren. Während man damit beschäftigt war, den freien Westen gegen die Russen und die Kommunisten im Ostteil der Stadt zu verteidigen, übersah man, dass sich mitten in Westberlin ein viel gefährlicherer Gegner breitmachte: der von Revolutionsrhetorik erfüllte, vom Protest gegen den Vietnamkrieg getriebene und von linken Professoren angefeuerte Student.

Mittlerweile haben die 68er ihren 40. Jahrestag schon hinter sich. Die Zeiten haben sich geändert, und die einstigen Revoluzzer auch. Otto Schily beispielsweise, der in den Siebzigerjahren als Anwalt die RAF-Terroristen verteidigt hat, stellte sich als SPD-Innenminister nach dem 11. September 2001 hinter George W. Bush und seinen „Krieg gegen den Terror".

Man kann getrost feststellen, dass nicht nur die antiautoritäre Bewegung Berlin, sondern auch die Stadt die vielen Zugezogenen verändert hat, ja, dass sie zu eingefleischten Westberlinern geworden sind. An ihrer Sprache kann man sie erkennen, die Schwaben und Bayern oder

Rheinländer, aber in ihren Umgangsformen sind sie kaum von „Urberlinern" zu unterscheiden.

Für diejenigen, die schon vorher die gesellschaftliche Diaspora Berlins beklagt hatten, schlug die Studentenbewegung dem Fass den Boden aus: Sie blies zum Sturm auf Elitebewusstsein und soziale Unterschiede. Was wiederum vorzüglich zur ruppigen Haltung des Berliners an und für sich passte, dem ohnehin kein übermäßiger Respekt vor der Etepetete-Gesellschaft zu eigen ist.

Auf diesem Nährboden ging die Saat der antiautoritären Bewegung so gut auf, dass immer mehr junge Menschen nach Berlin kamen. Wo sonst hätte man ein derartiges Desinteresse an den Spleens des Nachbarn, eine so ausgeprägte Laissez-faire-Haltung beobachten können? Erst unter diesen Voraussetzungen konnte sich die alternative Szene entwickeln. Nicht ohne Gegenwehr – Senat und Polizei kämpften viele Jahre gegen Hausbesetzer und „Chaoten" – aber letztlich doch.

Die „Szene" ist zum festen Bestandteil der Stadt geworden. Wenn es sie nicht gäbe, müssten Marketingexperten sie erfinden. So sehr trägt sie zum positiven Außenbild der Stadt bei. Je nach Entstehungszeit und Bezirk präsentiert sie sich in unterschiedlicher Gestalt. Die etablierten Alt-68er, die als Lehrer, Professoren oder Unternehmer in der Mitte der Gesellschaft angekommen sind, dominieren große Teile von Charlottenburg, während die Schwulen eher in Schöneberg zu Hause sind und die Alternativen mit ihren selbst organisierten Betrieben, Läden oder Galerien vor allem in Kreuzberg.

Aus und neben der studentischen – eher theoretischen und diskussionsfreudigen, aber auch schon sehr trinkfesten – Szene entwickelte sich in den Siebziger- und Achtzigerjahren eine Subkultur, die für die meisten jungen Leute, die nach Berlin kamen, den eigentlichen Reiz der Stadt ausmachte und alle, die auf der Suche nach alternativen Lebensformen waren, magisch anzog.

Im Schutz der Mauer schossen erst die Diskussionszirkel ins Kraut. Doch was Bestand haben sollte, war die sich mit der Zeit ausbreitende und perfektionierende Kultur, zu der Buchläden und sanierte Altbauten ebenso wie Weinhandlungen gehörten. Was sie zusammenhielt und ihre Entwicklung förderte, war der Geist der Kneipe. Schon Mitte der Siebzigerjahre konstatierten Beobachter eine in Europa einmalige „linke Kneipenkultur".

Hier fühlte man sich verstanden und plante gemeinsame Projekte. Musikgruppen und Theaterkollektive wurden gegründet und Emanzipationen aller Art erprobt. Nach und nach wurden Nischen entdeckt, die das Überleben bei minimalem Aufwand garantierten. Selbstverwaltete Betriebe entstanden. Manch einer ließ sich sein Erbe ausbezahlen, um seine Kumpel durchzubringen.

War der erste Schwung der Verweigerer noch gekommen, um dem Wehrdienst zu entgehen, so folgten bald die Alltagsveränderer. Auch wenn diese oft nicht wussten, was sie eigentlich suchten, und sich die autonomen Lesben nicht mit den unabhängigen Schwulen vergleichen lassen wollten, sorgten sie doch alle gemeinsam dafür, dass aus der piefigen, bewachten Enklave Westberlin eine Kulturoase abseits der von Beamten und Fußgängerzonen dominierten Bundesrepublik der Siebzigerjahre wurde.

Die Einwanderer sammelten sich in den innerstädtischen westlichen Bezirken, um ihren politischen, sexuellen oder ästhetischen Neigungen nachzugehen und dafür jeweils eigene Biotope zu schaffen, die sie durch ausgeklügelte Abgrenzungsmethoden in immer differenziertere Untergruppen verzweigten.

Wiewohl die Berliner Szene in vielen Belangen eine Vorreiterrolle spielte, war sie nicht so politisch, wie sie sich nach außen hin gab. Im Prinzip ging es um das bessere Leben. Diese Maxime schloss den Genuss mit ein, dem man sich möglichst andauernd hingeben wollte, und nicht nur während der Sturm-und-Drang-Jahre des Studiums.

„Tunix" war folgerichtig das Motto eines Kongresses an der Berliner Technischen Universität, an dem 1978 – je nach Quelle oder Erinnerungsvermögen – zwischen 5000 und 20000 Linke teilnahmen und der als organisatorischer Beginn der Alternativbewegung gilt. Organisiert wurde er als Reaktion auf den „Deutschen Herbst" – es war der Höhepunkt des RAF-Terrors, und es herrschte praktisch Ausnahmezustand.

Alternative Projekte wie die bundesweite Ökologie-Partei „Die Grünen" oder die linke Tageszeitung („taz") wurden hier vorgestellt, die schwul-lesbischen Paraden am Christopher Street Day und Selbsthilfegruppen wurden initiiert. Man verabschiedete sich vom „langen Marsch durch die Institutionen" der 68er und beschloss die Schaffung eigener Strukturen.

Die müden alten Weltverbesserer

Aus der Protestbewegung wurde die Kneipenkultur. Heute geht es einfach um das bessere Leben – ideologische Begründungen dienen nur der Abgrenzung oder der Pflege des eigenen Mythos.

In den späten Siebziger- und frühen Achtzigerjahren war die Berliner Szenekultur vor allem eine Kneipenkultur. All die Punk- und New-Wave-Bands wären ohne die Lokale, die in diesem Ausgeh-Paradies ohne Sperrstunde wie die Pilze aus dem Boden schossen, nie entstanden. Und die Kunst- und Literaturszene entwickelte sich größtenteils aus Gesprächen im trunkenen Zustand.

Man verbrachte den Großteil seiner Zeit in der Kneipe, meist mit Freunden. Wer keine hatte, musste nur lange genug sitzen oder stehen bleiben, irgendwann gehörte er zum Inventar. Cailloux, der Szenechronist: „Die hin und her wandernden Dauergäste, Caféhaushocker, Tresensteher und Szeneläufer wirkten auf einen Neuankömmling damals wie eine eigenständige, interessante und vielbeschäftigte Berufsgruppe."

Und tatsächlich: Wer Mitte der Achtzigerjahre der Berlin-Hymne von „Ideal" verfiel und in die Stadt kam – der Musik, der Politik, des Lebensgefühls wegen –, gewann schnell den Eindruck, dass alles ineinanderfloss und der Bierschaum der Höhepunkt von allem war. Es wurde viel diskutiert, getanzt und getrunken. Der Senat warb mit dem Slogan „Berlin – durchgehend geöffnet", und die Eltern machten sich Sorgen um ihre Kinder, wenn sie im Fernsehen die verdreckten Straßen und zugemüllten Hinterhöfe sahen. Abgesehen davon, dass man bei Tageslicht selten nach draußen ging, war die Stadt für die neue Generation jugendlicher Verweigerer genau deshalb die ideale Oberfläche für die Verwirklichung ihrer aufrührerischen Aktivitäten.

Für Außenstehende und Theoretiker hing alles mit allem zusammen. Die linksradikalen Soziologen, die Hausbesetzer, die vielfältigen Initiativen und Selbsthilfegruppen, die schwulen, lesbischen und sexuellen Befreiungsaktivisten, die Off-Theater-, Musik-, Literatur- und Kunstszene bildeten eine einzige große Subkultur. Die Wessis standen mit offenem Mund da und staunten, was hier alles möglich war.

Der Senat nahm die ständig wachsende Szene als „Parallelgesellschaft" wahr und war sich zumindest in einem Punkt sicher: Unsere Wähler sind das nicht. Eberhard Diepgen sprach gar von „Antiberlinern": Nicht nur Berlin insgesamt, auch Westberlin war also zweigeteilt – in die Frontstadt-Verteidiger und die Punks, Mods, Alternati-

51

ven, Industrial- und Elektronikfans, Politanarchos, Lesben, Schwulen, Transvestiten, Müslis und Self-Made-Künstler.

Die Mauer war für diese Szene eine kilometerlange Schultafel, auf der sie mit wenigen Strichen ihre Sprüche oder mit ausgefeilten Bildern einen Einblick in ihr Lebensgefühl hinterließen. Als die Reisefreiheit der DDR-Bürger sie zu Fall brachte, war nicht nur der Staats-Sozialismus im Osten am Ende. Auch im Westen Berlins ging eine Epoche linker und alternativer Experimente zu Ende. Und die Betroffenen trauern noch heute.

Sie waren so sehr mit sich selbst beschäftigt, dass die Wiedervereinigung sie traf wie ein Blitz aus heiterem Himmel. Seither betreiben sie die wissenschaftliche Analyse ihrer Besonderheit, schreiben Bücher, machen Dokumentarfilme, lassen sich interviewen und wandern von der Talkshow zur Podiumsdiskussion und weiter ins Seminar – immer auf der Suche nach neuen Subventionsquellen, um die Besonderheit ihrer Rolle in dieser Ära des beschleunigten Wahnsinns zu erforschen.

Ihr Vorteil: Sie können aus jeder noch so verfahrenen Situation Kapital schlagen und jederzeit eine neue Initiative gründen. Ihr Nachteil: Sie kommen langsam in die Jahre, er ist mehr mit seiner Prostata beschäftigt als mit dem Weltgeschehen, und sie sitzt weitaus öfter beim Friseur als in Plenumssitzungen. Aber es gibt ja noch Hans-Christian Ströbele, der regelmäßig sein Direktmandat in Friedrichshain-Kreuzberg gewinnt. Trotz Mauerfall, Globalisierung und grüner Regierungsbeteiligung gibt er seinen WählerInnen das Gefühl, richtig zu leben und – vor allem – am richtigen Ort zu leben.

Seine uneinnehmbare Festung ist der Stadtteil SO 36. Hier geht das Leben weiter wie eh und je. Am Heinrichplatz heißen die Kneipen immer noch Hanfhaus und Mondlicht. Alle sind sie hier vertreten: Nicht nur Bioladen, Yoga und Meditationen werden angeboten, hier scheinen sich alle spirituellen Kräfte und Energien zur Rettung der Menschheit versammelt zu haben. Die Menschen haben genügend Zeit, ihre Tage mit der Erforschung des eigenen Ichs zu verbringen.

Am 1. Mai ist der Heinrichplatz das Zentrum des „Myfest" – der Kiezveranstaltung, die die Krawalle, die hier Jahr für Jahr inszeniert werden, verhindern und in ein gesittetes Straßenfest umlenken soll. 1987 fand das „Ursprungsereignis" statt. Die Polizei musste sich über sechs Stunden aus Kreuzberg zurückziehen, an fast allen wichtigen Kreuzungen brannten Straßensperren, der U-Bahn-Verkehr musste eingestellt werden, Läden wurden geplündert, Scheiben eingeschlagen, es herrschte Anarchie.

Schuld daran war die Polizei selbst, die durch eine übereilte Aktion diesen Aufstand auslöste. Die autonome Szene nutzt das Datum seit Jahren, um Gleichgesinnte aus ganz Deutschland herbeizurufen und sich Straßenschlachten mit der Polizei zu liefern, was zunehmend schwieriger wird, seit die Polizei nicht mehr mitspielt und die Anwohner sich nicht mehr mit den gewaltbereiten Anarchisten verbünden wie damals, sondern mit der Polizei.

Hier spielt auch „Herr Lehmann", der ebenso wie „Der kleine Bruder" die durchzechten Nächte noch einmal lebendig werden lässt. Der Autor Sven Regener ist so etwas wie das Bindeglied zwischen der Kreuzberger Szene der Achtzigerjahre und der neuen Mitte-Szene der Nach-Wende-Zeit. Mit seinen Romanen hat er einen Kosmos erschaffen, in dem sich viele der Beteiligten wiederfinden und der dem Außenstehenden sowohl die Attraktivität als auch das Abstoßende des kreativen Chaos jener Zeit deutlich vor Augen führt.

Oft ist – besonders in der Berliner Literatur – vom „Atlantis Westberlin" die Rede, von der Verweigerungshaltung einer bürgerlichen Existenz im Inseldasein der geteilten Stadt. Die Nostalgie ist im Westen viel größer als im Osten, dessen Autoren eher satirisch mit ihrer Vergangenheit umgehen und froh sind, dass sie vorbei ist, während sich die Westkollegen oft nach ihrem geschützten Dasein in der Enklave zurücksehnen. Aber so ist das eben: Wenn man sich ein behagliches Nest geschaffen hat, fällt es einem schwer, sich aufzuraffen und einen neuen Platz zu suchen, mag der Baum, auf dem man sich häuslich eingerichtet hat, noch so verfault sein. Solange er nicht umfällt, bleibt man und genießt die Aussicht. Auch wenn dieser Blick auf die Welt seltsam eingeengt ist.

Dieses Gefühl befällt einen bei vielen Künstlern, die als Helden der 68er gelten – zum Beispiel Wim Wenders: Der Regisseur von „Paris, Texas" wurde weltweit gefeiert für seinen „Himmel über Berlin", der schon reichlich kitschig war, aber immerhin stimmig. Die Geschichte vom gefallenen Engel lebte vom Ambiente in der Mauerstadt, sie war der eigentliche Star des Films. Seit dem Fall der Mauer aber produziert er nur noch Kitsch. Weltumspannende Gutmenschen-Filme mit Popgrößen als Hauptdarsteller.

Und doch haben die 68er den etablierten Kulturbetrieb der Hauptstadt fest in der Hand: Volker Schlöndorff als langjähriger Geschäftsführer der Filmproduktion Ufa in Potsdam, Berlinale-Bär Dieter Kosslick als Festivalleiter, der Agitprop-Künstler Klaus Staeck als Vorsitzender der Akademie der Künste, Regie-Altmeister Claus Peymann mit dem Berliner Ensemble …

Abends genießen die alten Kämpfer das beschauliche Miteinander in den Kneipen und Bars in Charlottenburg. Man schätzt das gute Leben am Savigny- oder Stuttgarter Platz, die geradezu idyllische Ruhe und Beständigkeit – im Vergleich zu den hektischen Aufbrüchen weiter östlich. Die alte Vergnügungsmeile vom Ku'damm bis nach Kreuzberg ist nicht mehr existent. Doch am Nollendorfplatz hat die Senioren-Disco „Goya" ihre Pforten geöffnet, auf dass die Alt-68er zu geeigneter Mucke abhotten können.

Einen späten Erfolg hat die Studentenbewegung im Kampf gegen die *Bild*-Zeitung errungen: Ein Teil der Kochstraße, in der mittlerweile die Konzernzentrale der Axel Springer AG beheimatet ist, wurde in Rudi-Dutschke-

Straße umbenannt – gegen den heftigen Widerstand des Verlagsriesen und zur Freude der in der gleichen Straße beheimateten *taz*.

Die Ostberliner

Sie waren plötzlich da. Sie nahmen sich ihren Platz in der Stadt, in der Politik und in der Öffentlichkeit. Sie haben mitgemacht oder sich widersetzt, soweit es ihnen möglich war. Sie haben sich angepasst oder gewandelt. Sie sind die Alten geblieben oder haben eine ganz neue Identität gefunden. Sie wählen mehrheitlich „Die Linke" und sehnen sich nach Anerkennung.

Sie haben nicht mitgemacht unter Honecker, sie sind aber auch nicht weggegangen. Zum Teil, weil sie noch zu jung waren, sich das überhaupt zu überlegen, zum Teil, weil sie in der Position, in der sie gearbeitet haben, niemandem schaden konnten. Und auch deswegen nicht, weil sie da, wo sie lebten, zu Hause waren. Sie – oder ihre Eltern – hatten ein Haus und fühlten sich wohl. Man hatte sich eingerichtet.

Sie hatten Ideale, die sie auch nicht verloren haben. Für sie war der Westen kein El Dorado, das auf einen wartete und nach dessen Fund man für immer reich und glücklich war. Sie waren sich darüber im Klaren, dass es anstrengend werden würde, aber nicht, wie sehr es ihr Leben verändern würde.

Einige von ihnen gehörten zu denen, die an einen „dritten Weg" glaubten, an ein Weiterbestehen der DDR in anderer Form.

Aber wie wir alle wissen, kam es ganz anders als geplant, und schneller als gedacht. Die besonnenen Politiker des Neuen Forums, die ihren eigenen Weg zu einem neuen, anderen Ostdeutschland gehen wollten, hatten bald ausgedient. Sie, die sich jahrelang engagiert hatten, geheime Treffen veranstalteten, von der Stasi beobachtet, von den Nachbarn beäugt und verraten, von der Kirche gedeckt und vom Westen kurzzeitig hofiert – sie wurden innerhalb kürzester Zeit hinweggefegt von den Parolen der Einheitsfanatiker. Aus „Wir sind das Volk" wurde „Wir sind *ein* Volk". Woran jahrzehntelang keiner mehr geglaubt hatte, wurde in wenigen Monaten zur Realität: die Wiedervereinigung Deutschlands.

Zu Hause in der „Hauptstadt der DDR"

Die Ostberliner waren privilegierte DDR-Bürger: Nicht nur die Versorgung mit Westfernsehen und Lebensmitteln klappte hier besser, auch in Sachen Wohnraum, Kultur und Unterhaltung waren sie dem Rest des Landes um Längen voraus. Umso mehr meckern sie jetzt.

Warum sind eigentlich nicht alle Bewohner Ostberlins

in den Westen gezogen, als dies noch möglich war, indem man einfach seine sieben Sachen packte, in die S-Bahn stieg und alles hinter sich ließ? Natürlich gab es verschiedene Phasen der (Un-)Zufriedenheit mit den Verhältnissen. Direkt nach dem Krieg ging es den Menschen in Westberlin auch nicht so viel besser als denen im Osten, man versprach sich von einem Umzug keine signifikante Verbesserung der Lebensverhältnisse. Und die ideologische Erstarrung des Systems wurde erst im Lauf der Jahre evident. In den Anfangsjahren profitierte man von der Katastrophe des Nationalsozialismus, den alle als Konsequenz des Kapitalismus vor Augen hatten, und wollte ein besseres Deutschland schaffen.

In jenen Jahren gab es sogar viele, die aus dem Westen in die DDR gingen, weil sie sich am Aufbau dieser neuen Gesellschaft beteiligen wollten. Wie Bertolt Brecht, der mit seiner Frau Helene Weigel das Berliner Ensemble aufbaute, das in den Fünfzigerjahren als das beste Theater der Welt galt. Oder Wolf Biermann, der später berühmteste Dissident, dessen Ausbürgerung 1976 zu einer Zäsur im Verhältnis zwischen Regierungsmacht und Künstlern werden sollte.

Während in manchen Ländern des Ostblocks die Versorgungslage wirklich schlecht war, mussten die DDR-Bürger nicht hungern. Aber den Mund halten, wenn sie in Ruhe leben wollten. Man erzählte sich den Witz mit den zwei Hunden, die sich auf der Brücke in Frankfurt an der Oder begegnen: Was willst du in der DDR? Mich mal wieder richtig satt essen! Und was willst du in Polen? Mal wieder so richtig laut bellen!

Abgesehen von den Freunden, die die wichtigste Rolle spielten, war sicher auch eine gewisse Heimatverbundenheit im Spiel, dass so viele im Osten blieben, obwohl sie den Westen ständig vor Augen hatten. So wie die Westberliner ihren Kiez lieben und wenn überhaupt, dann nur innerhalb ihres Bezirks umziehen, so ist auch der Ostberliner verwurzelt in seinem Umfeld.

Der Prenzlauer Berg war ihr Zuhause, das Häuschen in Weißensee ihr Refugium, wo sie im Garten arbeiten und ihr eigenes Gemüse ziehen konnten. Für den Köpenicker war es unvorstellbar, sein Dahme-Knie und den Müggelsee zu verlassen, um nach Steglitz zu ziehen. Ganz aus Berlin wegzuziehen kam für die meisten ohnehin nicht infrage.

Unabhängig davon, wo sie wohnten, waren sie vor allem Berliner, mit all ihren typischen Eigenschaften – vielleicht noch ein wenig proletarischer, bodenständiger und in sich ruhend, nicht zu erschüttern durch die Domestizierungsversuche der Sachsen und Thüringer, die in der Politik das Sagen hatten.

Fuhr man zu DDR-Zeiten auf der Transit-Autobahn nach Berlin, war man auf der Strecke leicht verunsichert, ob man sich auf dem richtigen Weg befand, wenn die Wegweiser plötzlich nicht mehr „Berlin" als Ziel anzeigten, sondern „Hauptstadt der DDR". Des Rätsels Lösung: Westberlin war Feindesland, deshalb war der Weg dorthin nicht ausgeschildert. Auf den Stadtplänen von Ostberlin war es ein weißer Fleck, terra incognita. Niemand sollte auf die Idee kommen, dass man dort leben könnte.

„Hauptstadt der DDR" – eher ließ man Berlin weg als diesen Zusatz, der auf allen Postkarten, Broschüren und sogar auf Souvenir-Teddybären stand. Westberlin wurde im Osten als eigener Staat geführt – so präsentierte man bei Filmfestivals Arbeiten aus den „befreundeten sozialistischen Staaten, der BRD und Westberlin".

In Ostberlin ging es den Menschen besser als im Rest der DDR. Zum einen, weil die Mitglieder von Regierung und Parteiführung bis 1960 in Pankow wohnten. Auch später wollte man nicht, dass die Bonzen nach ihren flammenden Reden über den Siegeszug des Sozialismus und die Effektivität der Fünfjahrespläne durch abbruchreife Häuserzeilen in ihr Ghetto nach Wandlitz fahren mussten. Deshalb wurde mehr saniert, renoviert und gebaut als anderswo.

Weil man wusste, wie respektlos die Berliner waren und sich über alle Unzulänglichkeiten der Politik das Maul zerrissen, lieferte man den Großteil der importierten Bananen, Autoersatzteile und Farbfernseher in die Geschäfte der Hauptstadt, damit die Leute nicht meckerten. Zudem saßen hier die Korrespondenten der Feindsender. Ihnen sollte vorgegaukelt werden, wie schön der Sozialismus war.

Wo man wohnte war keine Frage des Geschmacks oder der bevorzugten Umgebung. Wem die Bleibe nicht vom Betrieb zugeteilt wurde, der zog dorthin, wo es die größtmögliche Wohnung gab – auch wenn sie in einem neu errichteten Plattenbau in Marzahn oder Hellersdorf war. Immerhin gab es hier Aufzug, Wannenbad und Zentralheizung. Heirat und Kind berechtigten zum Einzug in die eigene Wohnung, zwei Erwachsene (mit einem Kind bis zum Alter von fünf Jahren) hatten Anrecht auf eine 1,5-Raum-Wohnung. Das ist auch der Grund, warum man in Ostberlin viele Frauen trifft, die im Alter von 35 bis 40 Jahren bereits erwachsene Söhne und Töchter haben.

Mitte war damals die billigste Wohngegend, die Häuser in ganz schlechtem Zustand. Hier wohnten nur Studenten, denen es nichts ausmachte, die Kohlen hochzuschleppen und aufs Klo am Gang zu gehen. Das Gebiet um den Helmholtzplatz war früher der proletarische Prenzlauer Berg, enge Hinterhöfe mit mangelhafter Ausstattung bestimmten das Bild. Die kommunale Misswirtschaft der DDR ließ dieses Gebiet immer mehr verwahrlosen – „Ruinen schaffen ohne Waffen", kommentierte der Volksmund mit bitterem Humor. Heute ist dieser Kiez neben dem Kollwitzplatz das teuerste Viertel des Bezirks.

Mecker-Ossis

Für sie ist der Alexanderplatz die Markierung, die sie nur selten überschreiten. Weiter als bis ins Einkaufszentrum „Alexa" fahren sie selten. Eigentlich sind sie froh, dass sie sich frei bewegen können – nach den vielen Jahren hinter der Mauer. Doch jetzt fehlt den meisten das Geld, um die Welt zu bereisen, die früher hinter dem Checkpoint Charlie begann. Und nachdem sie am Ku'damm, im Schwarzwald und auf Mallorca waren, haben sie das Wichtigste auf ihrer Liste abgehakt.

Und in Wirklichkeit ist diese Welt, die sie früher nicht betreten durften, doch nicht so, wie sie es sich vorgestellt hatten. Nicht einmal die Stars aus den Fernsehshows, die sie früher bewunderten, sind ihre Helden geblieben. Sie verspüren eine größere Affinität zu ihren eigenen Musikern und Schauspielern. Auch wenn diese sich für Propagandazwecke missbrauchen ließen, haben sie die gleichen Wurzeln. Gemeinsame Erfahrungen prägen eben mehr als Wünsche, die sich doch nicht verwirklichen lassen.

Selbstverständlich glaubten die Ostberliner, die „Wessis" seien alle reich. Sie schenkten ihnen Produkte, die sie selbst nicht einmal kaufen konnten. Und sie konnten sich einfach aussuchen, was sie haben wollten. Dass es im Westen Arbeitslose geben sollte, die sich weniger leisten konnten als ihre Verwandten im Osten, hielten sie für Propaganda der Staatsführung.

Bereits 1988 war die Situation nicht mehr zu ertragen, alle wollten weg. Die Politik der Staatsführung brachte die DDR-Bürger in eine unmögliche Situation: Wer etwas anderes sehen wollte, musste für immer weggehen und alles hinter sich lassen. Er musste sich entscheiden: zwischen Familie, gewohnter Umgebung und Freunden auf der einen Seite und der Möglichkeit, etwas auszuprobieren, auf der anderen. Kein Wunder, dass die Enttäuschung umso größer war, wenn das neue, andere Leben nicht all das hielt, was man sich vorgestellt hatte.

Aber auch die Westberliner waren nicht restlos begeistert von ihren neu hinzugekommenen Nachbarn. Jahrzehntelang hatte man die Demokratie verteidigt und für die Befreiung der von der Sowjetdiktatur unterdrückten Ostberliner gekämpft. Und dann erwiesen sie sich als gewöhnliche Meckerberliner, waren also genau die gleiche Art von Mitbürgern, von denen man selbst schon genug hatte.

Wende-Verlierer und Ostalgiker

Sie sind immer noch erstaunt darüber, dass sie nicht so weitermachen können wie zu DDR-Zeiten, und geben den Politikern die Schuld an ihrer Misere. Oder dem System – ganz so wie früher.

Die früheren Stasi-Mitarbeiter haben meist genügend Privatvermögen angehäuft und sich in ihre ehemaligen Wochenendhäuser in Brandenburg zurückgezogen. Wann immer eine Regierungsbeteiligung der „Linken" ansteht und die Akten der betreffenden Politiker überprüft werden, wird man fündig. Kaum einer war unschuldig, zum Handkuss sind meist nur die gekommen, die einfach ihre Arbeit gemacht und sich nicht um die Politik gekümmert haben.

Doch es gab auch die wirklichen Wende-Verlierer. So wurden etwa sämtliche Hochschullehrer evaluiert. Die Professoren mussten sich für ihre eigene Stelle neu bewerben, der gesamte Mittelbau bekam befristete Verträge, die nach ihrem Auslaufen nicht verlängert wurden. Nur, wer sowieso demnächst in Pension ging, wurde auf seinem Posten belassen. All das ohne Prüfung der Person. Ähnlich erging es vielen Beamten, die sich nichts hatten zuschulden kommen lassen – außer dass sie DDR-Bürger waren.

Daher verwundert es auch nicht, wenn die Ostalgie fröhliche Blüten treibt. Keiner möchte die alten Verhältnisse wiederhaben, aber viele fühlen sich entwurzelt. Was hat man ihnen nicht alles versprochen, und wie wenig davon hat sich erfüllt. Sie wussten noch nichts von Wahlversprechen, die man nicht unbedingt für bare Münze nehmen sollte, als sie ihr Kreuz bei der Partei von Helmut Kohl machten.

Inzwischen ist ihnen klargeworden, dass man im Kapitalismus nichts geschenkt bekommt. Und dass ihre früheren Machthaber nicht die Einzigen waren, die ans Buffet eilten, nachdem sie den Hungernden einen Vortrag über Enthaltsamkeit gehalten hatten. Dass man nun alle Freiheiten genießen kann, bezahlt noch nicht die Miete. Und auch nicht die Betriebskosten: ein völlig neuer Begriff für die DDR-Bürger, die ihre Raumtemperatur regelten, indem sie die Fenster öffneten. Sämtliche Energiekosten waren gratis, also machte man das Licht auch nie aus. Nach der Wende waren Thermostate heiß begehrt.

Aber es gab noch mehr, was im neuen System anders funktionierte als im alten: Vorher war es wichtig, die richtigen Leute zu kennen. Wer Baustoff für sein Haus, ein Ersatzteil für sein Auto oder eine andere Wohnung wollte, musste seine Beziehungen pflegen. Nur durch gute Kontakte konnte man heiß begehrte Waren erwerben, meist durch Tausch.

Jetzt gab es alles zur Genüge, das Angebot war groß, ja unüberschaubar. Doch nur gegen Bares zu haben. Nachdem die Ostberliner ihr Begrüßungsgeld auf den Kopf gehauen hatten und ihre 1:1 in D-Mark getauschten Ersparnisse auch verbraucht waren, standen sie vor dem Problem, dass sie zwar alles, was das Herz begehrte, vor sich sahen. Aber es fehlten ihnen die finanziellen Mittel, um es auch zu bekommen. Denn mittlerweile hatte die Treuhandanstalt ganze Arbeit geleistet und die meisten Betriebe abgewickelt. Die Zahl der Arbeitsplätze wurde in den fünf Jahren nach der Wende fast halbiert.

Viele Menschen fühlten sich nicht nur betrogen, sie wurden auch tatsächlich über den Tisch gezogen – von windigen Versicherungsagenten oder Verkäufern obskurer Produkte. All das führte zu massiven Ressentiments gegen die Wessis und ist heute – gepaart mit der Sehnsucht nach dem Zusammenhalt, der allein aufgrund der gegenseitigen Abhängigkeit notwendig war – die Grundlage der weit verbreiteten Ostalgie.

Vom Regimegegner zum Markenartikel

Dissidenten nannte man sie im Osten, die Gegner des Systems. So wie die 68er im Westen waren sie die Feinde im Inneren. Früher landeten sie in den unter Stalin errichteten Lagern im Osten der Sowjetunion. Später ließ man sie ausreisen, tauschte sie gegen Devisen, die man dringend brauchte. Die besondere deutsche Konstellation machte es möglich, Kritiker gegen Bezahlung loszuwerden.

Viele von denen, die rübergemacht haben oder ausgebürgert wurden, sind zum festen Bestandteil der (West-) Berliner Szene geworden: Thomas Brasch und Katharina Thalbach, Eva-Maria und Nina Hagen, Manfred Krug, Jurek Becker. Der sensible Lyriker und seine Frau, die große Schauspielerin. Die Sängerin und ihre Punk-Tochter, die sich zur größten Schreckschraube der Republik entwickelte. Der entspannteste Schauspieler Deutschlands und sein Autor, die mit „Liebling Kreuzberg" den antiautoritären Stil des Szenebezirks im Fernsehen etablierten.

Die Schriftsteller waren die lautesten Kritiker, auch deswegen, weil sie vom Regime hofiert wurden und die DDR sich neben der – damals noch von Dopingvorschriften unberührten – Förderung von sportlichen Leistungen auch die Unterstützung ihrer Literaten etwas kosten ließ. Viele hatten diese Alimentierung als Aufforderung zur Kritik an den herrschenden Verhältnissen (miss)verstanden und wandten sich enttäuscht ab.

Nach der Ausbürgerung von Biermann (1976) entstand eine neue Generation von Dissidenten, die sich nicht mehr für Systemkritik interessierte. So wie das Kreuzberg der Siebzigerjahre entwickelte sich weiter nördlich der Prenzlauer Berg zur Gegenwelt der offiziellen DDR-Kultur. Das Viertel stand auch kurz vor dem Abriss und wurde nun von jungen Leuten aus der ganzen Republik als idealer Ort für Erfahrungen jenseits der aseptischen, absurd hässlichen Staats-Ästhetik entdeckt.

Man besetzte auch leerstehende Wohnungen, lieferte sich aber keine Kämpfe mit der Polizei wie im Westen, sondern versuchte, sich durch regelmäßige Zahlungen als Mieter zu legitimieren. Es entstand eine bunt zusammengewürfelte Szene aus Dichtern, Musikern und Künstlern, durchsetzt von Stasi-Mitarbeitern, wie später bekanntwurde. Es gab Lesungen im privaten Kreis, Ausstellungen und unangemeldete Konzerte, oft in den Kirchen des Bezirks.

Im Unterschied zu früheren Intellektuellengenerationen war die Desillusionierung nun so groß, dass an die Stelle des „wahren" Sozialismus nur noch das „Authentische" trat; schon die Themen des Staates wurden abgelehnt und man bemühte sich um eine eigene Ausdrucksweise, um die „Sklaven"-Sprache des Regimes zu vermeiden. Man schrieb nur noch Material oder verfasste Gedichte, weil Lyrik für die Herrschenden bürgerlicher Firlefanz war. Und man übte sich in revolutionären Posen. Manch einer schrieb auch Berichte für die Staatssicherheit. Kaum einer lebt noch dort, wo man sich früher täglich getroffen hat.

Nach der Wende wurde die Prenzlauer-Berg-Szene zum Markenartikel, der den Bezirk zur beliebtesten Anlaufstelle für alle machte, die die aufregende, wiedervereinigte Stadt besuchten oder sich dort ansiedelten. Heute präsentiert sich der einst halbverfallene Bezirk als schickes Designerviertel, in dem Künstler nur noch in Galerien oder Kneipen gesichtet werden. Die sanierten Wohnungen und ausgebauten Dachgeschosse haben wohlhabende Schwaben oder reiche Ausländer gekauft.

Es gab aber auch die anderen, die politisch Engagierten am Prenzlauer Berg. Die Friedensgruppe „Schwerter zu Pflugscharen" zum Beispiel, die dem Evangelium nacheiferte und für Abrüstung demonstrierte. Und die Bürgerrechtler, die sich einmischten, vor und nach der Wende. Vor dem Fall der Mauer trafen sie sich oft im Schutz der Kirche. Während des knappen Jahres zwischen Mauerfall und Wiedervereinigung spielten sie eine sehr wichtige Rolle in der neuen, demokratischen DDR. Kurzzeitig standen sie im Mittelpunkt des medialen Interesses. In den weltgeschichtlichen Minuten des Übergangs – als es die alte DDR nicht mehr gab, Ostdeutschland aber noch ein eigenständiger Staat war – saßen viele von ihnen in der Volkskammer und machten Pläne für die Zukunft des Landes.

Sie waren kurzzeitig angesehen und erfolgreich, weil sie die einzigen Politiker waren, die nicht durch eine Zusammenarbeit mit dem alten Regime vorbelastet, aber trotzdem DDR-Bürger waren. Sie wurden jedoch schnell ausgebootet oder von den großen Parteien vereinnahmt und enttäuscht. Einige, die oft jahre- und jahrzehntelang in ihrem Land geblieben waren, um es zu verändern, sind dann doch weggegangen und woanders auch nicht glücklich geworden. Andere waren erfolgreich, wieder andere sind zurückgekommen. Manche sind zu Fossilien in ihrer alten Umgebung geworden und versuchen, sich gegen die Veränderungen zu behaupten.

Die Besser-Ossis

What's left? – Ja, was ist übrig geblieben? Das Ampelmännchen und der grüne Pfeil. Katarina Witt und das Sandmännchen, das Berlinern und die jungen Mütter. Und was ist links? Das ist für Gregor Gysi und Sarah Wagenknecht keine Frage, sondern eine Partei: „Die Linke".

Wessis können besser schauspielern, erklärt ein ehemaliger DDR-Bürger, die Ossis sind direkter. Sie zeigen es dir gleich, wenn sie dich nicht leiden können. Die Besser-Ossis sind erfolgreich, weil sie beide Welten kennen. Sie waren in Opposition oder haben sich zumindest selbst organisiert und nicht in Abhängigkeit vom Staat gelebt. Sie wissen, wie man mit den Ossis umgehen muss. Und die Wessis sind erstaunt, dass ein Ossi so geschäftsmäßig agieren kann.

Sie sind in allen Bereichen zu finden: Gregor Gysi ist der wohl bekannteste Politiker. Er war Rechtsanwalt und hat seine Erfahrungen mit dem Regime, den Dissidenten und dem ganzen Staatswesen DDR in eine äußerst erfolgreiche Politkarriere verwandelt.

Als Verteidiger der Regimekritiker Rudolf Bahro, Robert Havemann und Bärbel Bohley hatte er sich einen kaum zu überbietenden Bonus erworben. Der eloquente Fürsprecher der Ossis ist ein Liebling der Medien, Superstar der Partei und von seinen politischen Kontrahenten gefürchteter Gesprächspartner. Ohne ihn wäre das Protestpotenzial, das sich im Osten des Landes angesammelt hat, ein willfähriges Opfer rechtsextremer Parteien, und es gäbe wohl auch keinen rot-roten Senat in Berlin.

Dass er lieber Reden schwingt, als sich mit der Umsetzung seiner Vorschläge in der konkreten Alltagssituation zu beschäftigen, nehmen ihm nur die übel, die seiner Rhetorik nicht immer folgen können. So nahm er eine läppische Bonusmeilen-Affäre zum Anlass, sein Amt als Wirtschaftssenator in Berlin nach kürzester Zeit abzugeben und sich fortan wieder vermehrt der ideologischen Entwicklung seiner Partei zu widmen.

Aber zum Glück hat er ja noch Freunde und Verbündete, die die Kärrnerarbeit übernehmen oder sich für ihn ins Rampenlicht stellen, wenn unbequeme Maßnahmen verkündet werden müssen. Lothar Bisky gehört dazu oder Sarah Wagenknecht, die als Galionsfigur der „kommunistischen Plattform" im Zuge der Bankenkrise vermehrt ihre Statements zur kapitalistischen Fehlentwicklung abgeben durfte.

Nicht nur in der Politik findet man Gewinner der Wende, Menschen, die aufgrund ihrer in der DDR genossenen Privilegien oder selbst erworbenen Fähigkeiten jetzt im Vorteil sind. Besonders im Sport waren die Medaillengewinner herzlich willkommen. Die Leistungszentren wurden übernommen, einige der am meisten belasteten Trainer entlassen, doch im Prinzip freute man sich über den Zugewinn und zählt die olympischen Erfolge der DDR-Athleten fleißig mit.

Stellt ein internationales Gremium fest, dass ein Leichtathletikstar gedopt war oder dass einer Eisschnellläuferin illegale Mittel zum Sieg verholfen haben, hat man natürlich nichts damit zu tun, sondern schreibt die Verantwortung den üblen Praktiken der nicht mehr existenten DDR-Verbände zu. Diejenigen Medien, die „ihren" Stars nach wie vor den Bauch pinseln, sprechen dann von einer angeblichen Verleumdungskampagne.

Im Kultur- und Freizeitbereich haben sich viele Künstler, Regisseure, Musiker und Unternehmer etabliert, die mit der jeweils eigenen Marke erfolgreich sind: Frank Castorf etwa hat die Volksbühne zu einem Biotop für die studentischen und künstlerischen Selbstdarsteller der Mitte-Szene gemacht, die graues Papier für ökologisch und Inszenierungen, in denen „Big Brother" nachgestellt wird, für grandiose Lehrstücke halten und bei jeder noch so platten Anspielung begeistert klatschen.

Das absolut beliebteste Erbe des Ostens (im Westen) ist das Ampelmännchen. Es ist nicht nur das beliebteste Souvenir der Hauptstadt, weit vor den lächerlichen Plastikbären, die eine unsägliche Werbekampagne in ganz Berlin verteilt hat. Es regelt auch den Fußgängerverkehr – sowohl im Osten wie im Westen der Stadt. Und der „Grüne Pfeil", der das Rechtsabbiegen bei Rot erlaubt, wurde übernommen, aber nicht für alle Kreuzungen.

Die „Veteranen der Wende" trauern den illegalen Clubs der Übergangzeit nach. Direkt nach dem Mauerfall war alles möglich, überall blühten die Kneipen in den verfallenen Gemäuern. Falko Hennig schwärmt: „Da leuchtete keine Reklame, da blinkte nichts, und man musste sich auskennen. Privatwohnungen wurden zu Clubs, eine Schanklizenz hatte niemand, und die Volkspolizei war nachhaltig verunsichert. Die Infrastruktur an Kneipen, Bars und Clubs war so unterentwickelt, dass die Betreiber dieser illegalen Lokale einen Notstand behoben."

Diese Tradition habe sich zum Teil erhalten, meint der Dichter. Doch heute finden sich in Mitte und Prenzlauer Berg kaum mehr Häuser, die nicht schon saniert und meistbietend verkauft wurden. Und auch die Brachen, auf denen man spontane Raves veranstalten, Partys feiern, sein altes Auto loswerden, sich mit der Freundin in die Büsche schlagen oder einfach mal das Auge schweifen lassen konnte, sind mittlerweile fast alle zugebaut.

Die Ausländer

Türken wohnen beinahe ausnahmslos in den alten Arbeiter-
bezirken des früheren Westberlin, in Kreuzberg, Neukölln,
Moabit und im Wedding. Die reicheren Russen siedeln – in
alter Tradition – vor allem in Charlottenburg, die ärmeren
Spätaussiedler zu großen Teilen in Marzahn-Hellersdorf. In
Mitte, wo all die jungen Einwanderer aus aller Welt hinwol-
len, ist die Mischung am vielfältigsten.

Die Migrationsbewegungen, die für Großstädte typisch
sind, prägen auch die deutsche Hauptstadt: Die Zugewanderten übertreffen die Einheimischen an Zahl und Fluktu-
ation bei weitem. Nur jeder vierte Berliner ist auch hier
geboren, drei Viertel der Einwohner sind hierhergezogen,
in der Stadt hängengeblieben, umgesiedelt oder auf eine
andere verquere Art und Weise nach Berlin gelangt.

Sieht man sich die „Ahnengalerie", die Lieblinge der
Hauptstädter, an, fällt sofort auf, dass kein „echter" Berliner darunter ist – sogar der große Heinrich Zille, Porträtist
des „Milljöhs" zu Beginn des 20. Jahrhunderts, stammte
aus der Nähe von Dresden. Der Hauptmann von Köpenick
– ein Ostpreuße, Alfred Döblin („Berlin Alexanderplatz")
– aus Stettin in Pommern, die aufrichtig verehrte Hildegard Knef stammt aus Ulm, und sogar die Erfinderin der
Currywurst wurde im ostpreußischen Königsberg geboren.

Trotzdem: alles Deutsche. Wer der Meinung ist, Berlin
sei multikulturell, hat sich wohl nur in den Szenebezirken

der Innenstadt aufgehalten, wo die meisten Touristen, Diplomaten und Neu-Berliner unterwegs sind. Hätte er einen Abstecher nach Friedenau oder Köpenick gemacht, wäre ihm aufgefallen, dass man hier ausschließlich Deutsch spricht.

Gastarbeiter und soziale Brennpunkte

Berlin hat weniger Ausländer als München oder Stuttgart, dafür aber wesentlich ärmere. Die Ghettoisierung der Türken in ein paar Ortsteilen hat dazu geführt, dass die dort lebenden Migranten rückständiger sind als die Landbevölkerung in Anatolien. Jahrzehntelang hat man sich um das Thema Integration gedrückt, jetzt hat man den Schlamassel: Man holte die „Gastarbeiter", um jene Arbeiten zu verrichten, die kein Westberliner machen wollte. Ostberliner und Brandenburger waren plötzlich ausgefallen, weil die Mauer sie am Pendeln hinderte. Also musste man sich nach Ersatz umsehen. Westdeutsche Unternehmen hatten längst Italiener, Griechen und Spanier angeworben, das Reservoir war fast ausgeschöpft. Und so kamen ungelernte, billige Arbeitskräfte aus der Türkei und aus Jugoslawien nach Berlin.

Denen überließ man die Substandard-Wohnungen in Kreuzberg und Nord-Neukölln. Eigentlich wollte man das ganze Viertel abreißen und eine Autobahn mittendurch bauen. Es wurde aber nur das „Neue Zentrum

Kreuzberg" errichtet, das als Abschreibungsobjekt einer privaten Bauherrengesellschaft für westdeutsche Kapitalanleger städtebaulich den Weg in die Moderne weisen und das Image von Kreuzberg aufwerten sollte.

Das Gegenteil ist eingetreten: Der Sozialbaukomplex am Kottbusser Tor gilt seit der Fertigstellung in den Siebzigerjahren als urbaner Problemfall: ästhetisch verunglückt, sozial gefährdet, finanziell unrentabel. Dazu kommt die Lage an einem sozialen Brennpunkt. Der „Kotti" beherbergt nicht nur zwei Dutzend Kneipen, sondern auch die größte Drogenszene der Stadt. 40 Prozent der Mieter sind Sozialhilfeempfänger, der Ausländeranteil liegt bei weit über 50 Prozent.

1961, im Jahr des Mauerbaus, lebten in Berlin 284 Türken – weniger als vor dem Ersten Weltkrieg. Fünf Jahre später stieg die Zahl auf fast 6000, und 1973 wurden in Berlin beinahe 80.000 türkische Arbeitskräfte gezählt. Dann kam der Anwerbestopp. Doch die „Gastarbeiter" gingen nicht nach Hause zurück, sondern holten ihre Familien. Heute leben in der Stadt etwa 160.000 Türken und deutsche Staatsbürger türkischer Herkunft. Sie wohnen in den traditionellen Arbeitervierteln Westberlins, wo sie auch gearbeitet haben – bis 1989. Mit dem Fall der Mauer haben sich die Betriebe, die nur wegen der Subventionen hier produzierten, verabschiedet. Und die ungelernten Fließbandarbeiter haben keinerlei andere Fähigkeiten, meistens sprechen sie nicht einmal so gut Deutsch, dass sie eine Umschulung machen könnten.

Horst Buschkowsky, der Bürgermeister von Neukölln, steht vor dem Problem, dass ein Drittel der Bevölkerung seines Bezirks von Sozialtransfers lebt. Und das ist der statistische Durchschnitt, im Norden, wo die meisten Migranten wohnen, ist die Quote doppelt so hoch. Er hat sich dafür ausgesprochen, Einrichtungen für Kinder direkt zu fördern, statt den Eltern das Geld zu geben. Die würden es ja doch nur versaufen.

Berichte über kriminelle arabische Großfamilien bestätigen sein (Vor-)Urteil. Obwohl diese aus dem Libanon kommen und hier nur aufgrund fehlender Dokumente geduldet sind, werden sie von Otto Normalverbraucher mit den Türken in einen Topf geworfen. Sehen sich ja auch alle so ähnlich, diese Südländer, und wie sie ihr Geld verdienen, ist den meisten Berlinern völlig unklar. Dort, wo man aufeinandertrifft – zum Beispiel in der Schule –, gibt es dann Konflikte.

Integration oder Parallelgesellschaft?

Viele Emotionen sind im Spiel, wenn es um das Thema Integration geht. Der Sinn all der Projekte, die diese unterstützen sollen, ist umstritten. Im Moment aber kämpft Berlin noch mit dem Erbe der verfehlten Einwanderungspolitik, die kaum Chancen zur Integration anbietet – aber Möglichkeiten, seinen Unterhalt durch Sozialleistungen zu finanzieren. Schulkinder in Neukölln antworten auf die Frage, was sie werden wollen: „Hartzer". Sie kennen keine Berufe mehr, die staatliche Fürsorge wird als normale Einkommensquelle gesehen. Die einzige Alternative sehen die Mädchen in der Heirat, die Jungen im Gangstertum und/oder einer Musikerkarriere.

Angesichts der Vorbilder, die ihnen präsentiert werden, ist das auch kein Wunder. Bushido ist einer von denen, die es angeblich geschafft haben, mit Hilfe der Musik aus dem Ghetto herauszukommen. Dass die ganze Biografie des deutsch-tunesischen Anstreichergesellen Anis Mohamed Youssef Ferchichi aus dem kleinbürgerlichen Tempelhof erstunken und erlogen ist und seine musikalischen Ergüsse zum Großteil geklaut sind, hinderte Bernd Eichinger nicht daran, die Verfilmung des Bestsellers bei seinem Freund Uli Edel in Auftrag zu geben.

Es gehört eben immer ein guter Persönlichkeitsberater und Produzent dazu, wenn aus dem eher gewöhnlichen Leben eines Muttersöhnchens, das sein Abi geschmissen hat und dann wegen Drogengeschichten ins Heim gesteckt wurde, eine reißerische Erfolgsstory werden soll. Die Jungs von „Aggro-Berlin" haben sich – wie für alle Musiker ihres Labels – auch für Bushido die passende Vermarktungsstrategie – in seinem Fall das Modell Gangsta-Rapper – ausgedacht: In den knallharten Texten über Huren, die kaltgemacht, und Bonzen, die ausgeraubt werden, finden die Underdogs aus den Einwandererfamilien ihre Vorurteile bestätigt, und die Pubertierenden aus Lichterfelde-West können mit den Songs über Nutten,

Schwule, Arsch- und Mutterficker ihre Eltern so richtig schockieren.

Andere tolle Vorbilder für die Kids sind der gescheiterte Kindergärtner Sido, der den knochenharten Rapper mit der silbernen Totenkopf-Maske gibt, oder der Reserve-Nazi Fler, der so aussieht, als hätte ihn sich Leni Riefenstahl nach einer Besichtigung der Rütli-Schule ausgedacht. Sie alle rufen die Sittenwächter auf den Plan und geben den Journalisten viel Stoff für ihre Reportagen. Politisch inkorrekt zu sein ist die Vorgabe, die eingesetzten Mittel reichen von extremem Sexismus bis zum Flirt mit dem Faschismus.

Wer größere Marktanteile erobern, sprich: massenkompatibel werden will, braucht auch eine Image-Veränderung: Mit dem Wechsel zur Major-Plattenfirma Universal glitt Bushido aus der Rabaukenecke in die Talkshow-Runde, trug Sakko und knödelte mit dem rüstigen Tschechen Karel Gott „Forever Young" von Alphaville, während sein (angeblicher) Erzfeind Sido in der „Popstars"-Jury junge Künstler formte.

So viel zum hiesigen Skandal-Rap und seiner Verwurzelung im „Ghetto". Das hindert aber die jugendlichen Türken und Araber nicht daran, ihren Idolen nachzueifern und davon zu träumen, dass sie die Mädels mit ihren Reimen beeindrucken. Die Jungs gehen gemeinsam aus, ab und an auch mal ins Puff – vorehelicher Geschlechtsverkehr ist zu Hause absolut tabu. Kein Wunder, dass sie die deutschen Frauen alle für Schlampen halten.

Ihre eigenen Frauen – und vor allem die Mädchen – werden unter Verschluss gehalten. Die Diskussionen über Moscheen und Kopftücher greifen viel zu kurz. Möchte man die „Ehrenmorde" und die generelle Unterdrückung thematisieren, so muss man sich eben der Frage der Integration stellen und nicht vor der „eigenen Tradition" der Einwanderer kapitulieren.

Und die Studenten, die in Kreuzkölln wohnen und nachts auf die Piste gehen, senken lieber den Blick, wenn sie einer Gruppe von türkischen Homeboys auf der Straße begegnen, die versuchen, mit ihren Kevin-Kuranyi-Bärtchen und Hosen auf Halbmast cool auszusehen. Besser, man ist hier nicht allein unterwegs, sonst hört man schnell mal die Ansage: „Bistu allein? Gibstu Handy, ich sag dir, bistu Opfer."

Der Berlin-Besucher begegnet vor allem dem Döner-Türken, der mit seinem großen, schwertähnlichen Messer stolz am Spieß steht und „Mit alles?" fragt. Seit die Geschäfte nicht mehr so gutgehen – Vegetarier, Gammelfleisch-Skandal und der Zeitgeist sind gegen ihn –, ist er ein wenig melancholisch geworden. Voller Wehmut denkt er an die früheren Zeiten, als die Nachtschwärmer auf ihrem Zug von Charlottenburg nach Kreuzberg immer bei ihm Station machten und der Umsatz Jahr für Jahr anstieg. Und an seine Verwandten, die in Stuttgart oder Hamburg zu Hause sind, wo ein Döner locker das Doppelte kostet.

Charlottengrad

Nach den Türken – zu denen oft auch die Kurden und Araber gezählt werden – sind die Russen die zahlenmäßig stärkste Gruppe von Ausländern. Oder auch nicht. Denn die meisten tauchen in der Statistik nicht als solche auf, als Ausländer gelten ja nur Menschen, die den Pass eines anderen Landes besitzen. Und die meisten Russen sind Spätaussiedler, die aufgrund des Vertriebenengesetzes mit ihrer Einreise die deutsche Staatsbürgerschaft bekommen – obwohl sie in den meisten Fällen kein Wort Deutsch sprechen.

Dazu kommt eine stattliche Anzahl von „Russen", die in jenen elf Monaten nach Berlin gekommen sind, als die DDR noch existierte, die Herrschaft der Partei aber vorbei und die neuen Verhältnisse noch nicht so klar geregelt waren. Sie kamen aus allen Teilen des sowjetischen Herrschaftsbereichs und nutzten die einmalige Gelegenheit, sich in den Westen abzusetzen.

Der bekannteste von ihnen, der Schriftsteller, Regisseur und Alleinunterhalter Wladimir Kaminer, versucht in seinen unzähligen Büchern immer wieder, den Deutschen im Allgemeinen und den Berlinern im Besonderen zu erklären, was es mit seinen Landsleuten auf sich hat und dass sie nicht alle zur „Russenmafia" gehören, wie die Lokalpresse lange Zeit schrieb, ohne jemals Recherchen anzustellen.

Eine Zeit lang wurde auch in den überregionalen Medien gerne über einen Jugendclub in Marzahn berichtet, in dem sich eine Gruppe von Russland-Deutschen traf, von denen einige schon mit der Polizei aneinandergeraten waren. Vom hohen Gewaltpotenzial war die Rede und von der sibirischen Weite, in der man sich die Gesetze selbst mache.

Dahinter steckt, dass im Bezirk Marzahn-Hellersdorf etwa 25.000 Spätaussiedler wohnen, die die zugigen Straßen und die modernen Plattenbauten sehr an die Satellitenstädte ihrer Heimat erinnern, weswegen die älteren auch keine Lust haben, Deutsch zu lernen. Wozu auch? Sie bewegen sich ohnehin nur unter ihresgleichen und werden von den Einheimischen oft als „Russen" beschimpft – so wie sie in der Sowjetunion die „Deutschen" waren.

Das Kernproblem für die Integration sind die mangelnden Sprachkenntnisse und die fehlenden Jobs. Bei 21 Prozent Arbeitslosigkeit im Bezirk ist es für die Zuwanderer so gut wie unmöglich, Arbeit zu finden. Für gebildete Zuwanderer ist es oft besonders schwer, in der neuen Umgebung Fuß zu fassen. Sie müssen meist unter ihrer Qualifikation arbeiten, fühlen sich nicht angenommen und ziehen sich in sich zurück.

Diesen Eindruck hat man in Charlottenburg nicht. In den Cafés telefonieren die Russen in großer Lautstärke, weil sie glauben, dass sie sowieso keiner versteht. In russischen Lebensmittelgeschäften versorgen sie sich mit Pelmeni, Kwas und Konfekt. Den Kindern kaufen sie Designerklamotten von Dolce & Gabbana. Der Nachwuchs erzählt nach den Ferien von seinen Urlaubsreisen nach Alaska oder Südafrika, die Mitschüler staunen.

Dass viele Russen hier leben, hat historische Gründe: In den Zwanzigerjahren wurde die Gegend um den Prager Platz „Moskau an der Spree" genannt. Wilmersdorf, Schöneberg und Charlottenburg waren die bevorzugten Wohngegenden der Emigranten, die vor der Revolution und den „politischen Säuberungen" flohen. Mehr als 600.000 Menschen verließen das Land, für die meisten war Berlin die erste Station in ein neues Leben – das Sprungbrett nach Paris oder Amerika.

180.000 blieben vorerst in Berlin und lebten vor allem in „Charlottengrad". 1923 gab es in Berlin sechs russische Banken, 87 Verlage, drei Tageszeitungen und 20 Buchhandlungen. Es gab ein umfassendes Netzwerk von Handwerkern, Geschäften und Restaurants. Man blieb unter sich, Kontakte zwischen Russen und Deutschen gab es kaum. Die Flüchtlinge, die meist aus gutbürgerlichen Verhältnissen kamen, waren betroffen von der Armut der Berliner.

Heute leben etwa 150.000 „Russen" hier. Mit ihren eher ruppigen Umgangsformen und der überheblichen Art, wie manche von ihnen den selten mit legalen Mitteln erworbenen Reichtum zur Schau stellen, passen sie sich idealtypisch in die übliche Schnoddrigkeit ein. Dass sie sich ihr eigenes Umfeld schaffen und den Kontakt mit Einheimischen eher meiden, passt allen ins Konzept. So kann man seine gegenseitigen Vorurteile pflegen.

Mehrere Zeitungen in russischer Sprache erscheinen in Berlin und es gibt russische Hotels, Restaurants und

Kneipen. Selbst große Supermarktketten haben sich mit entsprechenden Produkten auf die neuen Kunden eingestellt. Die teuren Boutiquen am Ku'damm freuen sich über die kaufkräftige Kundschaft, auch wenn sie die Nase rümpfen, sobald der stiernackige, glatzköpfie Kreditkartenbesitzer mit seiner aufgetakelten Entourage den Laden verlassen hat.

Vietnamesen und andere Früchtchen

Nach dem Fall der Mauer tauchten plötzlich überall in Berlin die Vietnamesen auf. Sie waren schon vorher da gewesen, aber versteckt in einigen Ostberliner Plattenbauten, ohne Kontakt zur Außenwelt. Sie waren als „Vietnamesische Werktätige" (VWs) von der DDR geholt wurden, um ihren ostdeutschen Brüdern und Schwestern in der Produktion behilflich zu sein – vor allem in Branchen, die feinmotorisches Geschick erforderten.

Die Ost-Gastarbeiter lebten sehr bescheiden und wurden nach einigen Monaten wieder nach Hause geschickt. Nach der Wende blieben viele in der DDR, entweder legal oder (noch mehr) illegal. Weil sie auf dem Land ihres Lebens nicht sicher waren (Hoyerswerda!), zogen sie nach Berlin.

Dort entdeckten sie eine beachtliche Marktlücke und übernahmen im Ostteil der Stadt den Obst- und Gemüsehandel (Bananen!) oder eröffneten Restaurants, die vor allem in den neuen Szenebezirken sehr beliebt sind. Hier findet man an jeder Straßenecke eine Art vietnamesischer Garküche, in der das Künstler-Prekariat sein Mittagsmenü für fünf bis sechs Euro einnimmt.

Im Gegensatz zum Italiener oder Griechen, der im Westen der Stadt häufiger anzutreffen ist, passt sich der Vietnamese schnell an neue äußere Umstände an. Während der Südländer versucht, sich durch Freundlichkeit ein Trinkgeld zu verdienen und sein Angebot durch Verfeinerung für den zahlungskräftigen Gourmet attraktiv zu machen, verdient der Asiate sein Geld durch die Menge, die er umsetzt.

Das gilt auch für die Restaurants, die durchaus Anspruch an die Qualität ihrer Menüs stellen. Das in der ganzen Republik bekannte und von allen Touristen heimgesuchte „Monsieur Vuong" hat einen Durchlauf von Gästen, den eine traditionelle deutsche oder italienische Küche niemals bewältigen könnte. Weil hier aber vorwiegend die zwei Tagesgerichte bestellt werden, die in großer Menge vorbereitet und mit frischen Kräutern in kürzester Zeit serviert werden, wird trotz des überaus günstigen Preises ein enormer Umsatz generiert. Und jeder wird freundlich bedient. Ganz egal, wie lang die Schlange vor dem Lokal ist, es dauert nie länger als zehn Minuten, bis man sein Essen auf dem Tisch stehen hat.

Der Umgangston des Vietnamesen ist freundlich, aber zurückhaltend, eher sagt er gar nichts, als den Gast durch eine ungeschickt gewählte Äußerung vielleicht zu verärgern. Betreibt er einen Laden, sieht man ihn von früh bis spät darin sitzen, ohne sich von der Stelle zu bewegen. Manch einer spielt mit seiner Familie ein sich dem Außenstehenden nicht erschließendes Spiel. Bei ihm bekommt man morgens schon Obst für die Schulkinder und kann frischen Koriander holen, wenn er beim Abendessen fehlt.

Weil der Vietnamese nicht weiter auffällt, aber in der Regel 60 Stunden und mehr im Handel oder Restaurant, im Blumenladen, Nagelstudio oder auf dem Wochenmarkt arbeitet und seine Kinder zum Lernen antreibt, ist er ein von den Einheimischen akzeptierter Fremder, der nur eine Zeit lang unangenehm auffiel, wenn er beim illegalen Zigarettenverkauf geschnappt wurde. Aber in dieser Branche ist er längst von den Osteuropäern ausgebootet worden.

Die anderen Ausländer – zu denen für die Berliner eigentlich alle gehören, die nicht hier geboren sind – treten nicht so geballt oder auffallend in Erscheinung. In Westberlin traf man beim Ausgehen auf die Alliierten, also Franzosen, Engländer und Amerikaner, die hier stationiert waren, ihre Schulen hatten und – weil sie relativ wohlhabend waren – in der Stadt präsent waren. Nach der Wende sind viele in ihre Heimat zurückgekehrt, dafür haben sich Geschäftsleute, Künstler und Studenten hier angesiedelt.

Im Gegensatz zur vorherigen Generation aber, die in Zehlendorf, Reinickendorf und im Grunewald zu Hause war, weil dort die Kasernen der Alliierten standen, lassen sich die Neuankömmlinge ausnahmslos in den Szenebezirken der Stadtmitte nieder. Auch wenn man hier stundenlang herumlaufen kann, ohne ein Wort Deutsch zu hören, beschwert sich niemand über die „guten Ausländer", die Berlin zur Hauptstadt der künstlerischen Bohème machen sollen.

In Ostberlin gab und gibt es kaum Ausländer, umso größer ist dort der Hass auf die Fremden. Die Vietnamesen wurden von den ach so völkerfreundlichen DDR-Bürgern gerne als „Fidschis" beschimpft, die Afrikaner aus den Bruderstaaten Angola und Mosambik als „Briketts". Das Verhältnis zu den Sowjets war gespannt, sie waren ja die Schutzmacht, aber nicht gerade beliebt.

Auch die Polen („Polacken") sind im Osten nicht gut gelitten, weil sie, kurz bevor es mit der DDR zu Ende ging, schon ohne Visum einreisen durften und dies nutzten, um beim besser versorgten Nachbarn einzukaufen. In Westberlin und bei den neuen Mitte-Bewohnern sind die Osteuropäerinnen gerngesehene Haushaltskräfte. Sie stellen das Gros der Putzkolonnen, die heimlich, weil meist ohne Rechnung, dafür sorgen, dass die noblen Altbauwohnungen nicht im Staub versinken. Seit dem EU-Beitritt dürfen die Polen auch legal hier arbeiten, was für viele Selbstständige von Vorteil ist, weil sie ihre Reinigungskosten nunmehr von der Steuer absetzen können.

Die Neu-Berliner

Das Bild des jungen, bei Künstlern und Touristen beliebten Berlin, das im Moment so angesagt ist und Menschen aus aller Welt anzieht, hat so gut wie gar nichts mehr zu tun mit dem kaputten, eingeschlossenen Westberlin der Vor-Wende-Zeit oder mit Ostberlin, der Hauptstadt der DDR-Privilegierten.

Medien, Bücher und vor allem die Erzählungen von Bekannten und Gleichgesinnten – oft auch im Internet nachzulesen – prägen die sehr touristische Vorstellung von einem Ausgehparadies. Und von einer offenen Stadt mitten im reichen Europa, die genug Spielräume für alle bietet, die ein alternatives Leben abseits der tradierten Lebensentwürfe führen wollen, die in den meisten Fällen ohnehin nicht mehr funktionieren.

In der Tat hat sich die Stadt seit der Wende vollkommen gewandelt: Zwei Millionen Menschen sind weggegangen und ebenso viele gekommen. Die Politiker träumten von der aufstrebenden Metropole am Schnittpunkt von Ost und West. Die Entscheidung für Berlin als Hauptstadt war der Startschuss für eine rege Bautätigkeit. Die meisten Prognosen haben sich als falsch herausgestellt, trotzdem ist Berlin in aller Munde – als billigste Hauptstadt des Kontinents.

Der Berliner selbst ist relativ unberührt durch die letzten zwei Jahrzehnte gegangen. So wie alles, was um ihn herum passiert, hat er es zur Kenntnis genommen und geguckt, was sich so tut: Das Baustellen-Sightseeing war eine der Lieblingsbeschäftigungen der Familien.

In Westberlin hat sich nicht sehr viel geändert – abgesehen vom Potsdamer Platz und dem Regierungsviertel, aber diese Orte liegen außerhalb der Wahrnehmung des Durchschnitts-Berliners. In die Nähe des Brandenburger Tors begibt er sich nur, um die Fanmeile oder ein Gratis-Konzert zu besuchen. Für den eingefleischten Westberliner ist der Ku'damm nach wie vor das Zentrum der Stadt und das KaDeWe das tollste Warenhaus der Welt. Hier sind Marken-Boutiquen und dicke Autos für die meisten noch ein Lebenszweck.

Der frühere Osten aber ist zum Mekka der kreativen Elite Europas geworden. Nicht nur Schwule und Technofans zieht es in die Kapitale des Abhängens, die unvorstellbare Ausgehmöglichkeiten, unglaublich billigen Wohnraum und unkontrollierbare Rückzugsgebiete für den experimentierfreudigen Hipster bereithält. Alle wollen hierher – zumindest für ein langes Wochenende.

Die Teilzeit-Berliner

Die Beamten, Politiker und Journalisten treiben die Immobilien- und Restaurant-Preise in die Höhe. Sie nutzen Berlin als perfekten Hintergrund für ihre Inszenierungen und distanzieren sich von der Stadt, während sie sich wechselseitig versichern, wie wichtig die eigene Funktion ist – täglich zu verfolgen in Funk, Fernsehen und Internet.

Was wurde nicht alles erzählt über den Kontakt zu den „richtigen" Menschen, den die Politiker in Berlin haben würden – ganz im Gegensatz zum kleinbürgerlichen Bonn am Rhein, wo man eine eigene Fluchtburg für die politische Elite und die ihr dienenden Beamten geschaffen hatte. Und was ist passiert? Die „Ständige Vertretung" (für die rheinische Kultur) wurde eröffnet, damit die Bonner Beamten auch an der Spree ihr Kölsch trinken können und den Karneval nicht vermissen.

Die Konfrontation mit der Wirklichkeit, der Kontakt zur Straße, den sich manch einer erhofft hatte, findet auch hier nicht statt. Weder gehen Politiker in Techno-Clubs noch Beamte in die Eckkneipe. Die Abgeordneten fliegen am Sonntagabend oder Montagmorgen ein, werden mit dem Dienstwagen abgeholt, verbringen ihre Tage (und Nächte) innerhalb der Bannmeile und sind am Freitagnachmittag wieder weg.

Viele wohnen in der Parlamentarierschlange in der Nähe des Bundeskanzleramts, jenseits der Spree. Wenn das Flugzeug über Berlin kreist, können sie schon aus der Luft das Ensemble sehen, in dem sie ihre Nächte verbringen, in einem Viertel mit dem Flair der Hotelburgen von Mallorca – außerhalb der Saison. Ihre Tage sind vollgestopft mit Terminen.

Von montagmorgens an geht es im Halbstundentakt durch die Gremien, Mittag- und Abendessen finden mit den immer gleichen Kollegen, Beamten oder Mitarbeitern aus den Verbänden, mit Medienvertretern und Lobbyisten an Orten statt, die mit Berlin genauso wenig zu tun haben wie die Fernsehköche mit der Hausfrau.

Die wilden Straßen von Neukölln kennen sie nach wie vor nur aus dem Fernsehen, und den türkischen Familien im Tiergarten begegnen sie nie, obwohl sie nur wenige hundert Meter vom Reichstag entfernt ihre Grillfeuer entzünden. Die größtmögliche Nähe zum Volk wird ihnen abgenötigt, wenn sie in einer Talkshow einem Hartz-IV-Empfänger gegenübersitzen müssen.

Was sich in Berlin tatsächlich geändert hat, ist die Medienpräsenz. Verklärt erinnern sich manche Politiker an das beschauliche Leben in Bonn: Es gab die Deutsche Presseagentur (dpa) und ein paar Parlamentskorrespondenten. Jeder kannte jeden. Heute haben alle großen deutschen Zeitungen und internationalen Verlage ein Büro in Berlin. Dazu kommen die Internetportale, Radiosender und vor allem die vielen privaten Fernsehsender, die alle auf Sensationen erpicht sind.

Warteten die Berichterstatter früher artig, bis auf der Pressekonferenz die Ergebnisse einer Sitzung verkündet wurden, werden heute schon Abstimmungsergebnisse aus dem Saal getwittert, wenn sie noch gar nicht fertig ausgezählt sind. Und es vergeht kein Tag ohne Talkshow, in der die Volksvertreter gute Figur machen und Punkte sammeln müssen, um ihre Wiederwahl zu befördern.

Politik und Medien bilden ein unentwirrbares Knäuel,

sie haben ein unersättliches gemeinsames Interesse: Die einen brauchen ständig neues Material, die anderen sind versessen darauf, ihren Bekanntheitsgrad zu steigern. So wird rund um die Uhr berichtet, interviewt, nachgefragt und – vor allen Dingen – vorausgeschaut. Was nicht vorher angekündigt wurde, findet praktisch gar nicht statt. Der Ankündigungsjournalismus hat längst die Ereignisberichterstattung abgelöst.

Das Schöne an der Hauptstadt ist, dass es hier immer etwas zu berichten gibt, auch wenn die Politik gerade Pause macht: Eisbär Knut, der die Menschen verzückt und dem Zoo Millioneneinnahmen beschert; ein spektakulärer Raub beim Poker-Wettbewerb; ein Zoodirektor, der sich von einem Gorilla den Finger abbeißen lässt, weil er die von ihm selbst formulierten Sicherheitsbestimmungen nicht beachtet; der Geschäftsführer eines Vereins für Obdachlose, der mit seinem Maserati in die Radarfalle gerät – man könnte die Liste ewig fortsetzen. Geschichten, die man erfinden müsste, wenn sie hier nicht tatsächlich passieren würden.

Und erst die Prominenten: Endlich kommen die Filmstars auch nach Deutschland, die man so lange vermisst hat. Als das Gerücht umging, Brangelina wollten sich ein Haus am Heiligen See bauen, war kein Halten mehr: Man beglückwünschte sich zum Erlangen des Status einer Welthauptstadt des Society-Talks. Dass sie dann doch nur drei Monate in Berlin wohnten, weil Brad Pitt im Film „Inglorious Basterds" von Quentin Tarantino mitwirkte – die Filmförderung macht's möglich –, hinderte die Medien nicht daran, gefühlte zwei Jahre darüber zu berichten.

Die Auftritte der Stars bei der Berlinale bieten den Zeitungen monatelang Stoff für Reportagen: Wer wird kommen, wann, mit welchem Film? Kommt er doch nicht? Welche Restaurants wird er besuchen? Leonardo DiCaprio kam mit seiner Oma – wie herrlich! – und mit dem berühmten Model, das war doch letztens auf dem Cover der Bikini-Ausgabe von *Sports Illustrated*. Schon hat man wieder fünf Bildstrecken im Internet eingerichtet …

Und während die einen die tollen Arbeitsbedingungen in Berlin bejubeln und bereit sind, für einen Hungerlohn Geschichten zu liefern, jammern die anderen über die Konkurrenz, die zwar den Output vergrößere, aber der Qualität nicht förderlich sei. Es werde schlichtweg kaum recherchiert und die Branche durch Ideenlosigkeit in Verruf gebracht.

Die Zukunft der Stadt, die Lebensbedingungen der Bewohner, ihre Interessen und Vorlieben interessieren die Hauptstadtjournalisten nur als leicht zu beschaffendes Material für ihre Reportagen. Die Schlossstraße in Steglitz, das Zentrum für die Westberliner, die im Südwesten zu Hause sind, wird in der Stadtzeitung als antiquierte Reliquie geschildert. Alles, was nicht Mitte ist, ist für die Neu-Berliner genauso weit entfernt wie München oder Warschau.

Doch auch hier kann man sich fehl am Platz fühlen, wenn man vom Heimweh geplagt wird und die Hauptstadt als Hort der Rückständigkeit und der schlechten Manieren erlebt. Wie die von Frank Schirrmacher von der *Süddeutschen Zeitung* abgeworbene Feuilletonredaktion der *FAZ*-Sonntagszeitung, die in zwei Büchern die Kulturlosigkeit der Hauptstadt beklagt und händeringend Besserung verlangt hat. Mit ihrer penetranten und rechthaberischen Kritik an allem und jedem haben sich die Autoren als echte gelernte Berliner erwiesen – innerhalb kurzer Zeit haben sie sich perfekt in der Rolle des nörgelnden Zeitgenossen eingefunden, der seinem Gegenüber erst einmal eins vor den Latz knallt. Folgerichtig hat der Regierende Bürgermeister ihnen empfohlen, dorthin zurückzugehen, woher sie gekommen sind, wenn ihnen Berlin nicht gefällt.

Weil die Szene hochgradig miteinander verwoben ist – Journalisten sitzen in Jurys, schreiben Drehbücher und fungieren als Herausgeber oder Ghostwriter der Kultur- und Society-Größen, Regisseure und Produzenten schreiben Artikel, Schriftsteller veröffentlichen vorab in den Zeitungen und Fernsehproduzenten lassen sich gerne vorab interviewen –, hat es den Anschein, als finde hier ein veritabler Ideenaustausch statt, der die Republik vorwärtsbringt. In Wirklichkeit feiert man nur sich selbst.

Wenn's dem Tourismus dient, warum nicht? Die Stadt kann jeden Euro gebrauchen, der hier ausgegeben wird. Die Politiker haben immerhin dafür gestimmt, den Reichstag zu renovieren, dessen Kuppel jetzt alle sehen wollen und sich dafür stundenlang anstellen. Und das Bundeskanzleramt wurde gebaut, über dessen Ausmaße und Aussehen die Reiseführer lästern können – genauso wie über den für fünf Millionen Euro gebauten Kindergarten für die Angestellten des Parlaments. Geplant wurde er für 176 Kinder, gekommen sind gerade einmal 20.

Den wenigsten Deutschen dürfte bewusst sein, dass die Hälfte der Bundesbeamten – Mitarbeiter der Ministerien und Behörden des Bundes – noch immer in Bonn arbeitet. Die andere Hälfte ist nicht in der Stadt angekommen, sondern hat sich gleich ins Umland abgesetzt. Kleinmachnow, Groß Glienicke und Oberkrämer heißen die neuen Orte der Sehnsucht für die hierherbeorderten Beamten, bestenfalls noch Lichterfelde-West.

Die eleganten und weiträumigen Villen in Grunewald und Zehlendorf, die von üppigen Gärten umgeben sind, waren ihnen zu teuer, die neuen Szenebezirke zu schmuddelig – gar nicht geeignet für die Kinder von Eltern, die aus der behüteten Umgebung von Bonn kommen. Also zogen sie in den Speckgürtel und kauften Grundstücke und Häuser in jenen Gemeinden, die schon zu DDR-Zeiten beliebt waren, aber erst nach dem Fall der Mauer wirklich attraktiv wurden. Und Anfang bis Mitte der Neunzigerjahre waren sie noch günstig zu haben.

Die westdeutsche Erbengeneration

„Iiv Sön Lorong für 8 Euro, echt geil, wa? Original Siebzigerjahre", sagt die Blondine, der ein Schlüsselband mit einem Dutzend duplizierten Mini-Logos vor dem Busen baumelt. Das Logo ist neu, aber voll im Retro-Trend, die Frau eine von denen, die bestimmt zehnmal „Geil!" rufen, wenn sie in einem alten James-Bond-Film einen originalen Mini sehen. Der Freund: „Echt cool, den Farbton solltest du behalten, der passt hundertprozentig dazu."

Was er meint, ist ihr Outfit: kurze Jeanshose, Hemd darüber, hohe Stiefel, Kopftuch in Altrosa – vermutlich sah 1975 die Doppelgängerin eines Bond-Girls im deutschen *Playboy* genau so aus, bevor sie sich auszog. Damals sagte man „Tussi" oder „Popper" zu diesen Modejunkies, heute ist der Fachausdruck für Menschen, die große Sorgfalt auf ihr Äußeres verwenden, „Pornobrillen" – wegen der Sonnenbrillen mit den riesigen Gläsern.

Sie sind bei Altberlinern und Szeneinsidern genauso unbeliebt wie die „Ökoschwaben", die sich eher schluffig kleiden und auf naturgemäße Ernährung achten – schon wegen der Kinder. Ihr Tempel ist der größte Biosupermarkt Europas, der mit dem Ostalgie-Namen.

„Ist das Bio?" ist die am häufigsten gestellte Frage, wenn es ums Essen geht. Kinder dürfen sowieso nur Bio – und alle anderen müssen sich dem Gruppenzwang unterordnen. Und weil es zum guten Ton gehört, mit dem

Porsche von Papa bei Aldi vorzufahren, gibt es dort inzwischen auch eine Bio-Abteilung („Gut Bio"). Stolz erzählt der junge Familienvater: „Nur 1,99, aber mit einem SEHR GUT von Ökotest."

Manchmal tun sie einem schon leid, die ständig angefeindeten Erben vom Prenzlberg, doch wie soll sich jemand Sympathien erwerben, der in die beschauliche Idylle des proletarischen Ostberlin mit seinem Künstler-Gehabe und dem Portemonnaie der Eltern im Rücken so großkotzig einfällt wie ein hemdsärmeliger Tourist in die Sahelzone?

Wer sich in den Straßenzügen rund um den Kollwitzplatz einen halben Tag in ein Straßencafé setzte, wird feststellen, dass die „Lohas" oder „Bobos" oder wie immer man die junge, schicke, kreative Elite vom Prenzlauer Berg auch nennen möchte, wirklich alles tun, um jedes nur erdenkliche Vorurteil zu bekräftigen:

Es gibt die Models oder potenziellen Schauspielerinnen. Sie durchqueren das Viertel auf hochhackigen Schuhen – die eine Hand zieht den Trolley, die andere hält den Pappbecher mit Latte macchiato. Sie tragen Trägerblüschen und Rüschenröckchen oder Streifenhosen und -pullover, und es soll so aussehen, als hätten sie mal eben was übergeworfen. In Wirklichkeit haben sie mehrere Stunden vor dem Spiegel verbracht, um möglichst nachlässig auszusehen.

Die Jungs in ihren Röhrenjeans und Motto-T-Shirts hätten gerne einen Vollbart. Weil sie meist aber nur Fussel im Gesicht haben, sieht das immer ungepflegt aus, was aber nicht weiter stört, weil die riesengroßen Sonnenbrillen ihnen dieses insektenhafte Aussehen verleihen, das beim Gegenüber, besonders bei Frauen, unweigerlich den Beschützerinstinkt weckt und existenzielle Fragen nach Lebensfähigkeit, sexueller Orientierung und Drogenerfahrungen aufwirft.

Und die Eltern: Obwohl sie so modern und fortschrittlich sind, wie man es nur sein kann in dieser Stadt, sind es nach wie vor meist die Frauen, die den Bogaboo – das Modell Cameleon für alle Gelegenheiten, bereits ab 900 Euro im Internet zu bestellen – auf den Spielplatz schieben. Die Typen kommen am Nachmittag oder am Samstagmittag – noch völlig verstrahlt von der Nacht im Club – zur Schaukel und bemühen sich um Sichtkontakt zu ihren Kindern, was ihnen offensichtlich schwerfällt, weil sie noch kaum aus den Augen gucken können.

Zum Ausgleich gründen sie Waldkindergärten für die Kleinen. Die werden dann täglich vom Kollwitzplatz nach Schönwalde gekarrt, die Eltern zahlen zusätzlich zu den regulären Kita-Gebühren 55 Euro im Monat für den Bus-Service und das Bio-Mittagessen. „Draußen spielen ist für die Kinder ganz toll", sagt eine Mutter. Warum sie das in der Stadt mit den meisten Parks, breitesten Gehwegen und üppigsten Grünflächen weltweit nicht auch einfach auf dem nächsten Spielplatz machen können, bleibt ein Geheimnis.

Aber darin besteht das Prinzip der Gentrifizierung, der Aufwertung heruntergekommener Innenstadtbezirke durch die neuen Bewohner: Alles, was alt ist und bisher wunderbar funktionierte, wird als süße Hinterlassenschaft betrachtet, die das urige Ambiente ausmacht, aber möglichst schnell durch das Neue, noch Bessere ersetzt werden muss.

Auf der Suche nach Ursprünglichkeit und Authentizität zerstört der „Bourgeoise Bohemien" (Bobo) diese unweigerlich innerhalb kürzester Zeit. An dessen Stelle entsteht eine austauschbare Welt von internationaler Küche, Designerläden, WLAN-Cafés und Fabriketagen, in denen Grafiker, Architekten, Modemacher und Künstler ihren temporären Arbeitsplatz einrichten.

Gekrönt wird der Bobo-Lebensstil, der eher von der Projektplanung als vom wirklichen Geldverdienen geprägt ist, durch die Elternschaft. Weil man selbst am Tropf der Eltern hängt, schafft man sich Kinder an, dann weiß man wenigstens, wer das alles einmal erben soll. Wer am Prenzlauer Berg keine Kinder hat, kauft sich eine CD mit Baby-Geschrei, um nicht aufzufallen. Die Kinder sind der Kristallisationspunkt ihres Daseins. Sie werden als Zeichen des Status wie auch als „Lebensprojekt" vorgezeigt, zumindest dann, wenn Kita und Kindermädchen Feierabend haben. Am Wochenende kommen die Großeltern aus Westdeutschland, um sich am Nachwuchs zu erfreuen und die Vorräte zu erneuern. So haben sie wenigstens ab und zu etwas von den Wohnungen, die sie finanziert haben.

Der Vorteil der Ost-Bezirke, die bei den Zuwanderern jetzt so beliebt sind, ist, dass die Altbauten jahrzehntelang vernachlässigt wurden und nun gleich postmodern saniert werden konnten. Also hat man die Dielen abgeschliffen, die Balkone erneuert oder welche angebracht und die Tauben rausgescheucht, um aus den Dachböden luxuriöse Lofts zu machen.

In manchen Straßen kommt man sich vor wie in einer frisch gestrichenen Filmkulisse. Die vielen Menschen, die mit ihrem gefärbten Milchschaum in der einen und dem Rollkoffer in der anderen Hand so tun, als ob sie irgendwohin unterwegs wären oder gerade von einer wichtigen Auslandsreise zurückkehrten, sind die perfekten Darsteller in dieser rekonstruierten Kulisse.

Geht man am Samstag auf den Kollwitzmarkt zum Einkaufen, blickt man unwillkürlich hinter sich, wo die Kamera steht, so offensichtlich wird hier geschauspielert: Wer hier einkauft, legt vor allem Wert auf das Gespräch, Gemüse oder Biofleisch sind nur der Vorwand, um sich in Szene zu setzen und die Freundlichkeit der Verkäufer zu testen. Denn wichtiger als der Inhalt ist hier die Form. Schlecht behandelt wird man sowieso schon überall in Berlin, hier möchte man sich wohlfühlen.

Auch die Politik sieht man vorwiegend als Dienst am Kunden. Man ist Grünen-Wähler und theoretischer Befürworter jener offenen, multikulturellen Gesellschaft, von der man sich in der Praxis und gerade hier sorgfältig abschirmt. Man tut alles, um sich vom Spießertum zu distanzieren, und kultiviert einen hemmungslosen Egoismus, den man als Individualität verkauft. In seltsamer

Eintracht sind aber alle beschäftigt, möglichst locker und ungepflegt zu erscheinen – auf dem Kinderspielplatz ebenso wie an der Bar.

Es gibt viele verschiedene „Bourgeoise Bohemiens": vor sich hin krebsende Künstler und Designer ebenso wie gutverdienende Rechtsanwälte, Journalisten, Steuerberater, Ärzte und Immobilienmakler. Auch Medienunternehmer, Restaurantbetreiber und Professoren gehören dazu, gelegentlich auch ein Lebemann, der eine wohlhabende Partnerin hat oder umgekehrt. In den meisten Fällen aber sind sie Erben.

Erben, die wissen, dass es ihnen nicht mehr vergönnt sein wird, so einfach Geld verdienen zu können wie ihre Mittelstandseltern. Deshalb haben sie ihren Anteil am von den Eltern erwirtschafteten Vermögen schon einmal zur Sicherheit in Wohneigentum investiert. Das kann so falsch nicht sein, an jeder Straßenecke in Mitte und Prenzlauer Berg werden Quartiers, Carrés und Townhouses gebaut.

Letztere sind Eigenheime im englischen Stil. Sie sind – im Gegensatz zu den typischen Berliner Mietshäusern, die sich durch viele Quergebäude und Hinterhöfe auszeichnen und für den Großteil der Mieter schattige Räume bereitstellen – meist sehr schmal mit winzigem Garten oder wenigstens großem Balkon und hohen Fenstern.

Die erste große Townhouse-Siedlung entstand zwischen der Lindenoper und der Leipziger Straße. Nach dem Motto „Klein, aber mein" hat eine Gruppe von Singles und Kleinfamilien, die nicht ins Umland ziehen wollten, im Herzen der Hauptstadt zu günstigen Bedingungen Bauland erworben und – mit tatkräftiger Unterstützung des Senats und seines Stadtbaudirektors – ihren Traum vom Eigenheim verwirklicht. Und der Erfolg ist durchschlagend. Seit die Häuser stehen, wollen alle Neu-Berliner auch so was. Schon das „Original" ist optisch kaum zu ertragen, weil sich auf engstem Raum drei Dutzend Architekten und Häuslebauer verwirklicht haben. Die vielen Plagiate, die jetzt geplant und gebaut werden, bieten meist nicht mehr Platz als eine bessere Maisonette – allerdings zum Preis eines Zweifamilienhauses auf der grünen Wiese.

Da schüttelt der sparsame Schwabe nur den Kopf. Er hat vorgesorgt und seine Maisonette oder Dachgeschosswohnung am Prenzlauer Berg gekauft, als diese noch günstig zu haben waren. Doch dafür muss er die Häme der Journalisten ertragen. Sogar die eigenen Landsleute sind ihm feindlich gesinnt. Die Alt-68er, die es zu Hause so grausam fanden, dass sie nach Westberlin geflohen sind, haben kein Verständnis für die, die jetzt kommen, die mit dem Bausparvertrag, dem Mercedes und dem Sauberkeitswahn.

Manch einer wehrt sich lautstark gegen die „Hetze" und meint, das sei doch eine reine Neiddebatte. Als Schwabe sei man eben gewohnt zu schaffen. Ganz anders als der Berliner. Der habe in seiner subventionierten Stadt, vor allem übrigens mit Geldern aus Baden-Württemberg, nie gelernt, was es bedeute, sich etwas erarbeiten zu müssen. „Die haben die Häuser besetzt, wir kaufen sie eben."

Die Mitte und der Mehrwert

In Mitte ist eine Szene zweiter Ordnung entstanden – ein „Themenpark Metropole" für die Touristen. Die Schwulen- und Technoszene dominiert das Nachtleben, und in Friedrichshain-Kreuzberg leben die Erben von 68 und Love Parade.

„Mitte" hat alles, was man von einer Szene verlangt: brüchige, also „authentische" Hausfassaden zwischen den in frischem Glanz erstrahlenden touristischen Objekten, abgerissene Punks und Feinkostläden, Künstler und Designer, Off-Theater und Cabarets, weltläufige Lokale und Imbissbuden, die Flagship Stores angesagter internationaler Marken und eine irgendwie bedeutungsvolle Geschichte.

Die früheren Bewohner leben hier nicht mehr. Alle, die sich hier tummeln, sind in den letzten 20 Jahren zugezogen oder zu Besuch. Die Punks kommen aus Kreuzberg, die Galeristen und Buchhändler aus Köln und Charlottenburg, die Künstler aus aller Welt. In „Mitte" ist alles so, wie es in einer lebendigen Stadt der Moderne sein soll, die sich dem Kulturmarketing verschrieben hat. Es ist voll, grell und doch qualitätvoll, insgesamt also überaus „spannend".

Wie die Transformation eines Viertels zum touristischen Hotspot funktioniert, kann man anhand des „Tacheles" studieren: Gleich nach der Wende besetzten Künstler aus Kreuzberg und Ostberlin die leerstehende Kaufhausruine an der Oranienburger Straße. Innerhalb weniger Monate machten sie ein Symbol der anarchischen Zwischennutzung daraus. Ateliers, Theaterräume, Kino, Café und eine Metallwerkstatt wurden eingerichtet. Das Gebäude wurde weltweit bekannt als weithin strahlendes Pop-Symbol.

Die Besetzer richteten sich in der Vorläufigkeit ein, nahmen keinerlei Veränderungen an der Ruine vor, machten aber ihren Verbleib in den Verhandlungen mit Senat und Eigentümern zu einer Frage der künstlerischen Unabhängigkeit und Toleranz. Die hier produzierte Kunst war von vornherein auf ihren Image-Effekt hin kalkuliert. Man darf den Produzenten sogar bei der Arbeit zusehen, wenn man Eintritt bezahlt.

Mittlerweile scheint das Ende des selbst ernannten Kulturzentrums nahe, hat es doch seine Funktion erfüllt: für die Konjunktur der umliegenden Kneipen zu sorgen. Durch die Erschließung der angrenzenden Auguststraße für den Kunstbetrieb hat sich diese Rolle erübrigt. Es gibt genügend Kunst zum Konsumieren, das Rohe des früheren Ostberlin verkörpern die verbliebenen, noch nicht sanierten Gebäude, und die Gastronomen und Boutiquenbesitzer, die den Galeristen und Künstlern gefolgt sind, pflegen die Erinnerung an noch frühere Zeiten.

Die Neuerfindung des Berliner Metropolenmythos ist angesagt, das Wiederauferstehen des Glamours der Zwanzigerjahre. Alles soll wiederkehren: die Salons, die Mäzene, aufregende Revuen, die Juden, die Kunstsammler, die Russen, die sexuellen Ausschweifungen und die

Berichte darüber – und wenn es sich nur um einen Hauptstadt-Blog handelt. Die Schwulen sind auf jeden Fall schon da und die Arbeitslosen auch, fragt sich nur, ob die Reichen und Schönen in ausreichender Zahl dazukommen.

Bisher ist der beständigste Motor der Metropole jedenfalls die Technoszene. Was mit den illegalen Clubs in Hinterhöfen, leerstehenden Fabriken, Banktresoren, Parkgaragen, Bunkern und öffentlichen Grünanlagen begann, hat sich als erfolgreiche Subkultur etabliert. Die unermüdlichen Tänzer, die einst – befeuert von gnadenlosen Bässen und angetrieben von Ecstasy – ein Wochenende lang die Stadt aus den Angeln hoben, kommen jetzt das ganze Jahr über in die Party-Metropole Berlin.

Die Techno- und House-Fans aus aller Welt, zumindest aber aus dem restlichen Europa, können dank der Billigflieger für ein Wochenende einfliegen und abtanzen. Im Online-Magazin „Resident Advisor", das in London gemacht wird, kann sich der Berghain-Aficionado informieren, wann sein Lieblings-DJ auflegt und wann welche Formation live auftritt. Die Clubs und After-Hour-Bars in Friedrichshain sind ja inzwischen berühmt-berüchtigt in der ganzen Welt.

Und während sich Deutschland langsam daran gewöhnt, einen schwulen Außenminister zu haben, sieht man sich in der Hauptstadt in manchen Gegenden schon genötigt zu betonen, dass auch Heteros willkommen sind. Denn was das Angebot an Amüsements und sexuellen Dienstleistungen für gleichgeschlechtlich Orientierte betrifft, hat man die glorreiche Tradition der Zwanzigerjahre schon seit längerem fortgesetzt und verfeinert.

Und so ist es nur die halbe Wahrheit, wenn die Korrespondentin der *Süddeutschen Zeitung* meint, den Takt und den Stil würden hier die vorgeben, die kein Geld haben. Denn wie zahlreiche Studien zeigen, sind gerade die Schwulen diejenigen, die über höhere Einkommen verfügen und flexibel auf die Anforderungen des Arbeitsmarktes reagieren. Und deswegen auch erfolgreicher sind als Familienväter oder gar Mütter.

Sie haben auch mehr Freizeit als die Heteros und geben mehr Geld dafür aus. Kein Wunder also, dass die aufregendsten Orte des Nachtlebens von ihnen gestaltet und besucht werden. Und dass Berlin zur internationalen Hauptstadt der Homosexuellen geworden ist. San Francisco hat ein wenig Patina angesetzt und in New York ist so gut wie alles verboten, seit unter Bürgermeister Giuliani Zucht und Ordnung Einzug gehalten haben.

So ist die deutsche Hauptstadt doch noch zu einem Zentrum Europas geworden, wenn auch in anderer Form, als die Planer sich das nach der Wende vorgestellt haben. Es gibt sehr ernsthafte Verbindungen zwischen Menschen, die in London, Paris, Mailand, Warschau, Budapest oder Berlin arbeiten und sich für Entwicklungen in Kunst, Musik und Theater interessieren. Hierbei spielt Berlin eine große Rolle, vor allem in der Clubkultur.

Für DJs ist Berlin der Olymp. Wer hier aufgelegt hat, ist quasi geadelt worden. Die meisten Musiker, die sich mit elektronischer Musik beschäftigen, leben zumindest teilweise hier. Ein Plattenlabel oder ein Online-Magazin kann man an jedem Ort der Welt managen, warum also nicht dort, wo es die meisten Ausgehmöglichkeiten gibt und die Kollegen vor Ort sind? Und wo man gerade eine Vielzahl von Begegnungsweisen und Beziehungsformen spielend ausprobieren kann, vom gemeinsamen Biertrinken über Drogenerfahrungen bis zu sexuellen Experimenten. Die Szene ist ein fließendes System von Verbindungen, das jetzt schon über einen längeren Zeitraum eine Art von Mythos generiert: Jeder muss mal da gewesen sein, in einigen Jahren kann alles schon wieder vorbei sein.

Das denken sich auch die Studenten, Künstler und anderen jungen Menschen aus aller Herren Länder, die am liebsten alle in der Simon-Dach-Straße in Friedrichshain wohnen würden. Oder direkt am Landwehrkanal in Kreuzberg. Denn hier gibt es die meisten Kneipen, und sobald der Winter vorbei ist, sitzen hier alle auf der Straße. Nicht nur vor den Cafés, auch auf den Plätzen, in den Parks und vor allem auf der Admiralbrücke.

Seit einigen Jahren ist die denkmalgeschützte und verkehrsberuhigte Brücke *der* Treffpunkt für Dauerpartys in Kreuzberg. Wenn die Luft lau ist und die Sonne erst spät abends über dem Wasser versinkt, sitzen hier bis zu 500 Leute auf den Betonpollern und dem Gehweg. Jugendliche, Althippies und Urlauber geben sich die Kante. Gitarrespieler und Feuerschlucker sorgen für Unterhaltung, und der Kiosk nebenan hat Hochbetrieb.

Was die einen als lustiges „Outdoor-Clubbing" begeistert, ist für die anderen ein stetes Ärgernis: Keine Nacht können sie in Ruhe schlafen. Wenn frühmorgens die letzten Partysanen verschwunden sind, liegen leere Pizzaschachteln, zerbrochene Bier- und Weinflaschen und zertretene Kaffeebecher herum. Die Frühaufsteher unter den Anwohnern versuchen dann, mit ihren Kinderwägen die Glassplitter zu umfahren oder die Kleinen daran zu hindern, die überall herumliegenden Zigarettenstummel und Kronenkorken in den Mund zu nehmen.

Auf der Brücke wird vorwiegend Englisch gesprochen, man trifft sich hier, bringt die eigenen Getränke mit und feiert bis zum Morgengrauen. Seit der Ort auch in Reiseführern als „Low Cost Location" gepriesen wird, kommen immer mehr Touristen und finden es ganz selbstverständlich, dass man sich in Hauseingängen, Hinterhöfen und Fahrradkellern erleichtert oder mal eben den Balkon eines Wohnhauses mit Graffiti verziert.

Man könnte sagen: Immerhin fühlt der Mensch sich hier wohl. Wer hier wohnt und seine Ruhe haben will, den kann man wohl bemitleiden, aber eigentlich ist er selber schuld. Denn jeder, der hierherzieht, weiß, was ihn erwartet. Viele haben angesichts der Bezirksreform gelästert, „Not trifft Elend" sei die zutreffende Beschreibung von Friedrichshain-Kreuzberg. Doch die Szene erobert in den warmen Monaten die Straßen und Plätze, und auf den ersten Blick könnte man tatsächlich von italienischen Verhältnissen schwärmen.

Aber es ist eindeutig Berlin. Kleidung und Getränke lassen keinen Zweifel daran. Und vor allem: Die Stühle und Bänke sind ausnahmslos von jungen Menschen im besten Werbealter besetzt, keine Oma, kein Opa, nur ab und zu ein älterer Vater, der den Maxi-Cosy aus dem SUV wuchtet. Aber die sind hier eher die Ausnahme.

Die selbst ernannte Elite

In Potsdam hat sich am Heiligen See und im Villenviertel Babelsberg eine Handvoll Prominenter darangemacht, die Vergangenheit zu restaurieren und die Zukunft in die Hand zu nehmen. Die Zukunft Deutschlands – nicht nur die ihrer unmittelbaren Umgebung. Doch die liegt ihnen besonders am Herzen.

Zum einen handelt es sich ja praktisch um ihre Vorgärten oder um die von ihnen geschätzte Aussicht, zum anderen wurde deren Schönheit schon von den Militärs und den Preußenkönigen hochgeschätzt. Doch wir wissen es, die Zeiten, sie haben sich geändert, und die wertvollen Baudenkmäler von Fritzens Gnaden und Schinkels Hand, sie wurden vernachlässigt, verfielen, gerieten in Vergessenheit.

Zum Glück für die nostalgischen Gemüter – die sich nach Schönheit und barocker Eleganz sehnen, nachdem sie mit ihren Zweitonnern auf der Stadtautobahn nach Hause gebraust sind – wurden die Palais, Schlösser und Denkmäler nicht einfach gesprengt und weggeräumt (wie das Schloss in der Mitte Berlins). Deshalb können sich die großzügigen neuen Stadtbürger so richtig engagieren für die Restaurierung der Zeugnisse der Preußenherrschaft.

Das Stadtschloss in Potsdam wurde bereits renoviert – es ist auch nicht so groß wie das in Berlin und musste nicht gänzlich neu aufgebaut werden. Das Marmorpalais am Heiligen See, das den Blick ans andere Ufer so lange Zeit zu einem wehmütigen machte, ist endlich wieder ansehnlich in Szene gesetzt – nicht zuletzt dank der großzügigen Spenden derer, die täglich darauf blicken.

Ein See für die Reichen und Schönen

Wie Wolfgang Joop. Er hat seine Marke verkauft und sich auf ein Seegrundstück mit weißer Villa zurückgezogen. Er widmet sich seinem Garten, seinem neuen Label „Wunderkind" und besucht die Schauen seiner Tochter in Berlin. Täglich geht er mit seinem Hund spazieren, und weil er nicht einsieht, warum er nicht mit dem Fahrrad durch seinen Park fahren darf, legt er sich auch mal mit den Parkwächtern an.

Doch sonst schwärmt er fast hymnisch für die Stadt und unterstützt sie nach Kräften. „Ich", sagte er 2004 Mark Siemons von der *FAZ*, „Wolfgang Joop, geboren in dieser Stadt bei Bombenalarm, lebe und erlebe diesen Ort als Inbegriff von Heimat. Aber auch als Kunstwerk, das mein Wesen und meine Arbeit geprägt und inspiriert hat. Doch sein wahrer Kern ist hart und glänzend wie ein Diamant. Unzerstörbar in seiner fragilen Schönheit und Poesie: Potsdam, mon amour!"

Promis wie er oder das Model Nadja Auermann haben die idyllische kleine Wasserfläche zur Touristen-Attraktion befördert – und zu einer nachgefragten Wohnadresse sowieso. Wer was auf sich hält, wer es sich leisten kann und wer nicht als Tagespendler nach Berlin auf S-, Auto- oder Straßenbahn angewiesen ist, den drängt es mit Macht an den Heiligen See.

Wie Friede Springer, die Witwe von Axel Cäsar, der den DDR-Oberen mit seinem Pressehaus direkt an der Mauer jahrzehntelang genauso auf die Nerven ging wie den BRD-Regierungen mit seinen Wiedervereinigungsfantasien, bis endlich Helmut Kohl die Gelegenheit ergriff und genau das in die Tat umsetzte, was der *Bild*-mächtige Streiter allerdings nicht mehr erlebte.

In der Villa nebenan wohnt der logische und idealtypische Nachfolger ihres Mannes: der eloquente Mathias Döpfner. Er ist ein Meister der Blendung, der es vorzüglich versteht, abends mit seiner geisteswissenschaftlichen Bildung zu glänzen, nachdem er mittags die Entlassung von ein paar hundert Mitarbeitern verkündet hat – zum Wohle der Aktieneigentümer, zu denen er selbst gehört.

Im Gegensatz zu seinem Vorgänger hat Döpfner nur ein Ziel vor Augen: die Kapitalvermehrung. Springer verfolgte mit seinen Zeitungen politische Ziele und finanzierte die defizitäre *Welt* über Jahrzehnte – als Sprachrohr seiner Überzeugungen. Döpfner brachte das Blatt ins Plus – mit abenteuerlichen Vorgaben, die mittlerweile von allen anderen Verlagen kopiert werden.

Wer wird Katholik?

Oder der omnipräsente Lieblingsmoderator Günther Jauch – auch ein Heimkehrer. Und natürlich ein Aufsteiger. Aufgewachsen ist er im „Villenviertel Lichterfelde-West", wie man seiner Biografie entnehmen kann. Aber wie popelig klingt das im Vergleich zu Potsdam, Heiliger See. Denn genau dort lebt er mit seiner Frau und vier Kindern seit den Neunzigerjahren.

Liest man die Biografie weiter, kommen einem fast die Tränen: Erst nach 18 Jahren unverheirateter Partnerschaft hat er seine Thea geehelicht. Und zwar auf dem Pfingstberg. Im Belvedere, dessen Renovierung er so großzügig unterstützt hat. Schnief. Und außerdem hat er zwei aus Sibirien stammende Waisenkinder adoptiert. Man sieht sie förmlich vor sich, die zitternden Babys, die in der eisigen Kälte der russischen Tundra ausgesetzt wurden.

Doch da, tati-tata, der Retter naht, Jauch, der sympathische Schwiegersohn-Darsteller: Ministrant in Zehlendorf, Abitur am altsprachlichen Gymnasium in Steglitz, jüngster Absolvent der Münchner Journalistenschule. Mit der B3-Radioshow und „Live aus dem Alabama" wurde er dann gemeinsam mit Thomas Gottschalk für eine ganze Generation sich jung und wild fühlender Bayern zum kumpelhaften Idol, das Bescheid wusste über Musik, Sport und Politik.

Während Gottschalk der Unterhaltungsfuzzi der Nation wurde, konzentrierte sich Jauch auf die seriösere Schiene – „Aktuelles Sportstudio", „stern TV" und schließlich, der Höhepunkt und kaum mehr steigerbare Status als Oberlehrer der Nation: „Wer wird Millionär?".

Kein Zweifel: Jauch ist der Superstar des (Privat-) Fernsehens. Mit seiner leisen, zwischen Populismus und intellektuellem Anspruch changierenden Art hat er es geschafft, zum beliebtesten Moderator zu werden. Dem smarten Sonnyboy aus Potsdam würde man alles abkaufen. Er könnte jeder Oma ein Surfbrett und jedem Teenager eine Heizdecke andrehen. Aber Günther hat Größeres vor. Er möchte Einfluss nehmen auf die geistige und kulturelle Entwicklung in Berlin und in Deutschland. So warb er etwa für „Pro Reli", die (gescheiterte) Initiative für den verpflichtenden Religionsunterricht an Berlins Schulen.

Er beteuert immer wieder, dass er nur seine Ruhe haben und nicht wie ein Prominenter leben will. Dass er behauptet, alle seine Werbeeinnahmen für wohltätige Zwecke zu spenden, macht ihn natürlich zum idealen

Werbeträger für die Zielgruppe der ach so kritischen Konsumenten, die auch beim Biertrinken ihr Gewissen beruhigen möchten.

Mag Jauch auch ein redlicher Mensch sein und persönlich über jeden Zweifel erhaben, so fügt er sich doch idealtypisch ein in die Riege der selbst ernannten Elite, der Großbürger vom Heiligen See, die hier an der Wiedereinführung alter deutscher Tugenden arbeiten, die sich aus vordemokratischer Noblesse und post-sozialstaatlicher Fürsorge speisen und – nach dem Vorbild der USA – auf rein subjektiver Auswahl und unkontrollierbarer Einflussnahme beruhen.

Betreten verboten

Schaut man vom Marmorpalais aus auf die andere Seite, kann man mit etwas Glück die Konturen des Schlosses Babelsberg erkennen, die über die Havel-Ausbuchtung „Tiefer See" ragen. Und davor sieht man die Glienicker Brücke, die Verbindung zur Hauptstadt. Ein Übergang, der jahrzehntelang versperrt war. Hier wurden die Agenten ausgetauscht. Wer denkt da nicht sofort an Smiley, den „Spion, der aus der Kälte kam" – kongenial gespielt von Richard Burton.

Rechts und links der Brücke, an Griebnitzsee und Groß Glienicker See, hat sich nach dem Ende des Kalten Krieges ein neuzeitlicher Konflikt von historischen Dimensionen entwickelt: Es geht um den Zugang zum See. Und um die Frage, ob der öffentlich sein soll oder denen gehört, die auch die Seegrundstücke besitzen – seit jeher die attraktivsten Areale der Stadt Potsdam.

Zu Mauerzeiten patrouillierten hier die Grenzbeamten, der Kolonnenweg wurde nach der Wende als Spazierweg genutzt. Die Besitzer wollten keine Fremden in ihrem Vorgarten und sperrten kurz entschlossen den Zugang. In einem über Jahre ausgetragenen Rechtsstreit bekamen die Eigentümer Recht und bebauten ihre Grundstücke bis zum Wasser. Der Konflikt belastete das Budget der Stadt Potsdam mit Prozesskosten von einer halben Million Euro. Dieses Geld hätte man besser benutzt, um die strittigen Grundstücke vom Bund zu erwerben. Das aber lehnte die Stadt ab, weil sie den Preis für zu hoch hielt.

Im Grunde geht es um die Frage, wem die Natur gehört. Sind die Seen öffentlicher Besitz, der jedem zugänglich sein sollte? Oder können sie aus dem Eigentum des Bundes von der Treuhand verkauft werden – wie vielerorts in Brandenburg bereits geschehen. Die Folge: Viele Kommunen können oder wollen die Gebühren, die von privaten Besitzern verlangt werden, nicht bezahlen. Uferwege, Stege und Badestellen können nicht mehr benutzt werden, die Aufregung ist groß.

Was den Berliner ausmacht –
Anarchie und Alltag

Stadtmarketing und Umgangsformen

„Sei einzigartig, sei vielfältig, sei Berlin." Der Gewinner-Slogan sagt alles über die Stadt – oder nichts. Und das internationale Motto „Be Berlin" ist so geil wie unverbindlich. Werbung eben.

Die Mitte-Bewohner und ihre Verlautbarungsorgane finden die Stadt toll, weil hier alles so schön anarchisch ist und man sich weder ans Rauchverbot noch an Verkehrsvorschriften halten muss.

Die Kneipen stellen die Tische und Stühle einfach auf den Gehweg. Wer es nicht schafft, sich dazwischen durchzuquetschen, soll eben auf die andere Straßenseite gehen. Man lehnt sein Fahrrad irgendwo dagegen oder stellt es mitten auf den Bürgersteig. Jugendliche trinken und kiffen in aller Öffentlichkeit, alle Welt telefoniert in Wartezimmern und auf Toiletten, in der Straßenbahn und beim Autofahren, und wer sich darüber beschwert, ist uncool.

Das ist eben Berlin, kosmopolitisch, einzigartig und gleichzeitig so vielfältig, wie man es sich kaum vorstellen kann, wenn man nicht selbst hier lebt. Mit dem Sommer kommt die mediterrane Lebenslust, und alle fühlen sich wohl – besonders im Drogenrausch. „Ohne Herrschaft! Ohne Staat!", lobt *Dummy. Das Gesellschaftsmagazin* Berlin als bevorzugten Aufenthaltsort des kreativen Weltbürgers.

Was aber passiert im Winter, wenn es schneit? Dann fahren die Partyleute nach Thailand oder in die Skiferien – gibt es inzwischen alles, organisiert von den Rave-Leuten, denen es irgendwann doch zu grau in der Stadt wird, auch wenn sie sich vorwiegend nachts hinausbegeben. Pech für den, der es sich nicht leisten kann, mal kurz wegzudüsen. Und für die Alten, die nicht mehr auf die Straße können, müssen eben die anderen sorgen.

Der Winter brachte es an den Tag: Wieder einmal brandete eine Diskussion auf, die Berlin seit Jahren beschäftigt. Ist jeder, der sich an Regeln hält, ein Spießer? Der Auslöser für die Debatte waren die über Wochen vereisten Gehwege und die Feststellung, dass Berlin den urbanen Alltag nicht mehr geregelt kriegt. Die Verkehrsbetriebe weigerten sich, das Eis an den Haltestellen zu beseitigen. Die Hausmeister fühlten sich für die Gehwege nicht zuständig. Schließlich gehöre das nicht zu ihren Aufgabenbereichen.

Man wollte keine Präzedenzfälle schaffen. Da könnte ja jeder kommen und von ihnen etwas verlangen, wofür sie gar nicht bezahlt werden. Der Service-Gedanke ist den Berlinern von Haus aus fremd, da gibt es nichts dran zu rütteln. Aber die Lähmung geht weit darüber hinaus: Die Stadt erlässt Vorschriften, hat aber keine Mittel oder kein Interesse, diese auch zu kontrollieren.

So ist es eigentlich Aufgabe des Hundehalters, den Kot seines Tiers zu beseitigen, aber versuchen Sie mal, das in Berlin anzusprechen. Schon der Verweis auf Leinen- und Maulkorbzwang ruft empörte Reaktionen hervor, und wer einer Hundebesitzerin gegenüber erwähnt, sein Kind habe Angst vor dem Tier, bekommt ein schnippisches „Dann erziehen Sie Ihr Kind mal richtig!" zur Antwort.

Bei Rot über die Kreuzung zu fahren ist nicht nur für Radfahrer ganz normal geworden, und wer nicht in zweiter Reihe parkt, wenn er schnell mal etwas abholen muss, kommt sich total blöd vor. Dass es aus der Kanalisation stinkt, weil die Gastronomen sich das Fettabscheide-Equipment sparen, fällt dem, der ohnehin nur nachts unterwegs ist und seine Kippen darin versenkt, nicht weiter auf.

Aber es ist für einen Politiker auch verlockender, sich einen Slogan konzipieren zu lassen, mit dem man Touristen in die Stadt locken kann, als diese vernünftig zu verwalten. An den redlichen Verwaltungsbeamten wird sich in einigen Jahren niemand mehr erinnern, an den in den Medien dauerpräsenten Repräsentanten des Easy Living schon.

Richtig und falsch

Meinungsverschiedenheiten vertragen die Berliner ganz und gar nicht. Es muss eine richtige Antwort geben. Sie lassen niemals einen Zweifel daran, dass sie selbst Recht haben, und zögern nicht, dies auch kundzutun. Sie würden – wie es höfliche Menschen zu tun pflegen – niemals sagen: „Ich glaube nicht, dass Sie damit Recht haben." Ganz im Gegenteil postulieren sie streng und felsenfest überzeugt von ihrer Überlegenheit: „Das ist falsch."

Wenn ihnen etwas nicht gefällt, so wird dies auch sofort mitgeteilt – ohne Rücksicht auf Verluste. Die Gefühle anderer Menschen zu schonen halten sie für vollkommen unnötig, weil Gefühle eine Privatangelegenheit sind und in der Öffentlichkeit nichts zu suchen haben. Auch längere Dialoge sind nicht so ihr Ding. Wer etwas wissen oder haben möchte, soll dies klar und deutlich äußern.

Ironie oder Höflichkeit verwirren den Berliner, er versteht meist gar nicht, was gemeint ist, wenn man sich nicht auf die wesentlichen Punkte seines Anliegens beschränkt. Als Beispiel möge folgender Dialog dienen. Der Gast, der sich nach der Uhrzeit erkundigen möchte, fragt: „Wissen Sie, wie spät es ist?" Und erhält zur Antwort: „Ja, das weiß ich." Man sagt, was man will, ohne Umschweife: „Haste 'ne Zeit?" – „12 Uhr durch."

Schlange stehen

Warten macht den Berlinern gar keinen Spaß, und Schlange stehen schon gar nicht. Sie machen es nur, wenn es nicht anders geht. In den U-Bahn-Stationen oder auf den S-Bahnhöfen gibt es ja meistens genug Platz, so dass es nicht notwendig ist, sich anzustellen. Wer aus anderen Städten gewohnt ist, in aller Ruhe auszusteigen, wird sich neue Verhaltensregeln angewöhnen müssen, sonst kommt er gar nicht hinaus.

Sobald der Zug hält, drängen die Wartenden zu den Türen hinein und lassen kaum eine Lücke für die aussteigenden Fahrgäste. Jeder will als Erster in den Waggon, um einen der begehrten (wenigen) Sitzplätze zu ergattern. Dazwischen schieben unbeirrte Radfahrer ihre Mountainbikes durch, obwohl es eigens dafür vorgesehene Plätze gibt, aber wen kümmert's? Wenn die verdreckte Kette die Anzughose des Mitfahrenden versaut, hat er eben Pech gehabt.

Wenn die Berliner auf den Bus warten, verteilen sie sich möglichst großflächig. Ist der Bus in Sichtweite, versucht jeder, sich die Poleposition für den Einstieg zu sichern. Weil keine Ordnung erkennbar ist, hält der Fahrer irgendwo, und es beginnt der Kampf um die Sitze von neuem. Wer eine Dauerkarte hat, verfügt über einen bedeutenden Startvorteil. Er kann an denjenigen, die erst zahlen müssen, vorbeigehen und sich mit Hilfe von Ellenbogen und vernichtenden Blicken einen Platz erkämpfen.

Im Supermarkt stellen sie sich in die Schlange, aber nur sehr widerwillig und weil es nicht anders geht. In kleineren Läden oder in großen Kaufhäusern, wo es verschiedene Kassen gibt, versuchen sie zumindest immer eine Position zu finden, die günstiger ist als die der anderen Kunden, die sich auch gerade überlegen, an die Kasse zu gehen.

Das Kassenpersonal der Berliner Supermärkte wurde – zumindest in den Szenebezirken – weitgehend ausgetauscht. Man ist mitunter schon verwundert, wie freundlich die Jungs hinter der Kasse sind – besonders am Abend. Das überwiegend charmefreie Personal von früher hat anscheinend nur noch morgens Dienst, wenn die meckernden Rentner ihre Einkäufe erledigen und junge Mütter ihre Schreihälse mit Gummibärchen zu beruhigen suchen.

Diese Charmeoffensive hat aber keinerlei Auswirkung auf die Kunden, die nach wie vor drängeln und einem den Einkaufswagen in die Hacken rammen, wenn sie's eilig haben. Und dass Kassierer freundlich sind, bedeutet noch nicht, dass man ihnen auch Intelligenz attestieren könnte: Mit Vorliebe wird das – mühsam ausgesuchte feste – Obst auf die Ablage geknallt und mit Milchkartons beschwert ... bis zum nächsten Versuch, Birnen zu kaufen, die nicht zermanscht zu Hause ankommen.

Vorsicht beim Hinausgehen: Zum Glück haben die meisten Supermärkte automatische Türen. Gefahr droht beim Verlassen von hochwertigen Boutiquen. Wer nicht gerade in der unmittelbaren Nähe eines Türstehers den Kaufhof verlässt, steht vor der mit teurem Messing umfassten, aber geschlossenen Schwingtür, deren Öffnen sich – bewaffnet mit drei Einkaufstüten – als mittlere Geduldsübung erweist.

Da kommt es gelegen, wenn jemand bereits beim Hinausgehen ist. Doch Sie haben nicht mit der Berliner Lässigkeit gerechnet. Der adrette Mann im Parka – wären die Jeans neu, es wäre der letzte Retro-Schrei – lässt die Flügeltür einfach los, sie fällt der bepackten Nachfolgerin ins Gesicht. „Mann, können Sie nicht aufpassen", brüllt sie. Der Typ dreht sich um, guckt die Modetussi von oben bis unten an und sagt verächtlich: „Eh, Alte, entspann dich mal, ja?"

Konversationsverhalten

Kommt man in eine Runde von Leuten, ist der Empfang herzlich, aber uninteressiert. Niemand wird vorgestellt, man kennt sich. Kaum einer blickt auf, man hat wichtige Projekte zu besprechen. Es kann vorkommen, dass sich dein Freund alsbald mit dir unterhält und seinen bisherigen Gesprächspartner links liegen lässt. Der mag inzwischen seine Nägel feilen, seine Brille zehnmal hintereinander reinigen und das ganze Repertoire an Ablenkungsmanövern durchgehen, er wird nicht mehr beachtet.

Dasselbe passiert – im Zeitalter der Mobiltelefone beinahe andauernd und überall –, wenn die Berlinerin einen Anruf bekommt. Sie wird sich mitunter eine halbe Stunde lang unterhalten und mit keinem Wort erwähnen, dass sie sich in Gesellschaft befindet und deshalb gerade nicht so viel Zeit hat oder zurückrufen möchte.

Nein, man hört den „Ja", „Nein", „Ach so" und anderen einsilbigen Antworten zu – in der Hoffnung, das Gegenüber möge nicht die aktuelle Beziehungskrise mit der besten Freundin bereden – und wartet, bis sich das Mitteilungsbedürfnis der Anruferin erschöpft hat. Wendet sich das Gegenüber einem wieder zu, tut man am besten so, als wäre nichts gewesen.

Mützenträger

Das Phänomen ist keineswegs auf die Umgebung von Kastanienallee, Kollwitz- und Helmholtzplatz beschränkt, wo es die meisten Mützenausrüster gibt. Nein, auch in den Clubs in Mitte, Friedrichshain oder Schöneberg kommt man sich vor wie in einem Film von Aki Kaurismäki, der im tief verschneiten Helsinki spielt, und befürchtet, dass gleich die Leningrad Cowboys die Bühne erklimmen werden. Weder Heizlüfter noch 175 beats per minute können die Mützenträger dazu bewegen, ihre Kopfbedeckungen zu lüften.

Stolz schwitzen sie unter der wollenen Haube – als sichtbares Zeichen ihrer Bereitschaft, dem sibirischen Wind und den arktischen Temperaturen zu trotzen. Seht her, Leute, wollen sie sagen, ich bin keiner von denen, die nur im Sommer nach Berlin kommen und die Stadt im Winter grau und trist finden. Die Wollmütze ist die vielleicht letzte Reminiszenz an die wilden Achtzigerjahre, die Zeit der Hausbesetzer und Autonomen, die mittlerweile nur noch als Touristenattraktion am 1. Mai fungieren, wenn sie sich Straßenschlachten mit der Polizei liefern.

Die Baustelle

Seit der Wende ist Berlin eine einzige Baustelle. Besonders die historische Stadtmitte und die Bezirke Prenzlauer Berg und Friedrichshain sind permanent eingerüstet. Kaum wird ein Museum wiedereröffnet, steht die Instandsetzung des nächsten an. Erstrahlt das Nachbarhaus zur Linken im zuckerbäckersüßesten Altrosa, fangen sie rechts an, das Gerüst aufzubauen.

Wer auch immer die Geschichte erzählte, es lief stets aufs Gleiche hinaus: Man war in die bezaubernde Dachwohnung gezogen und hatte sich gefreut, die nervenaufreibenden Tiefen des Berliner Alltags unter sich zu lassen. Aber es dauerte keine zwei Wochen, bis nebenan die ersten Steher aufgestellt und mit Planken verbunden wurden. Das Haus war doch schon saniert, was hatte der Besitzer vor? Nun, er hatte die wunderbare Idee, eine Dachterrasse zu errichten.

Was zur Folge hatte, dass die zur eigenen Wohnung gehörende in den nächsten Monaten nur unter der Zuhilfenahme von Ohrstöpseln und großer Mengen von Wasser zu nutzen war. In Gläsern, um die Lungen zu spülen. In Eimern, um Tisch, Stühle und Teller zu reinigen. Umso freudiger wurden die Bewohner von den Bauarbeitern begrüßt, wenn sie sich morgens um neun nach zweistündigem Stöhnen über das Gehämmere endlich zum Frühstück einfanden.

Wer mit dem Fahrrad durch das Zentrum fuhr, konnte Tag für Tag beobachten, welche Fortschritte die Bauarbeiten am Bode-Museum machten. Das heißt, eigentlich war gar nichts zu sehen. Nur die Breite der Absperrung änderte sich ab und zu. Und die Ausdehnung der Staubwolke, die sich über der Spreeinsel sammelte. Bretter, Zement und Sand lagen morgens draußen und waren abends im Bauch des Gebäudes verschwunden.

Auf der anderen Seite der Museumsinsel konnte man durch eine Öffnung im Bauzaun die Fortschritte bei der Renovierung des Neuen Museums beobachten. Doch auch dieses Guckloch war nur ein armseliger Überrest des Baustellen-Marketings, wie man es am Potsdamer Platz praktiziert hatte. Die rote Infobox wurde zum Symbol des Wegs, der mehr Interesse weckte als das Ziel.

Zumindest bemühte sich die Daimler-Tochter debis redlich, den Berlinern einzureden, dass sie etwas versäumen würden, wenn sie nicht zum „Tag der offenen Baustelle" kamen. Also versammelte sich tout Berlin an der Baugrube, um den Stand des Grundwassers, die Erdbewegungen und die Ausschachtungsarbeiten zu kontrollieren.

Zu Beginn des neuen Jahrtausends war die knuffige Wolkenkratzer-Kleinstadt vollendet. Sie wirkte genauso surreal wie noch zehn Jahre zuvor die Steppe am Rand der Mauer oder fünf Jahre früher das tiefe Loch. Das Gros der Beobachter war weitergezogen zum Hauptbahnhof. Hier war die Beherrschung der Gewässer die große Herausforderung. Neben dem Bahnhof wurde ja auch noch der Tunnel unter der Spree gebaut.

Auf der Route durchs Zentrum war eines Tages die behelfsmäßige Brücke aus der Nachkriegszeit, die aus übrig gebliebenen Gehwegplatten und einer rostigen Metalleinfassung bestand, verschwunden, und es blieb einem nichts anderes übrig, als sich einen anderen Weg zur Arbeit zu suchen. Durch die erzwungene Neuorientierung fielen einem die stetigen Veränderungen ringsum erst wirklich auf.

Der Park wirkte plötzlich anders. Die Wege waren neu angelegt, und es gab sogar Bänke, auf denen man sitzen konnte, weil sie noch intakt waren. Das musste auf eine Initiative der vielen schwangeren Frauen zurückgehen, die es leid waren, sich auf dem Rasen niederzulassen. Obwohl das eigentlich die Lieblingsbeschäftigung der Mitte-Bewohner war, sobald sich die Sonne zeigte und man keinen nassen Hintern mehr davon bekam.

Überall wurde darüber berichtet, dass die Fortpflanzungsquote im Bezirk sensationell war – angeblich die höchste in ganz Europa. Wahrscheinlich wurde deswegen auch die ganze Innenstadt zur Umweltzone erklärt, die man nur noch mit Autos befahren darf, die eine grüne Plakette besitzen. Baustellenfahrzeuge sind von dieser Regelung aber ausgenommen. Und mit dem Feinstaub, der bei einer einzigen Wohnungssanierung frei wird, könnten ein Dutzend LKWs wohl eine geraume Zeit lang ihre Runden drehen.

All der Staub störte das feierwillige Jungvolk nicht, das sich in der „Strandbar" gegenüber vom Museum versammelte. Gut, auch das Seine-Ufer ist nicht gerade mit der Copacabana zu vergleichen, und was der Pariser sich einbildet, kann der Berliner wohl aus dem Effeff. Aber das Schauspiel, das sich dem Betrachter hier bot, war in etwa so lebenslustig wie eine „Endspiel"-Inszenierung von Christoph Schlingensief mit Laiendarstellern.

Oder brauchte man einfach nur die entsprechenden Substanzen, um den Ausblick auf eine Baustelle am Rande eines schmutzigen Kanals zu genießen, auf dem – zwei Meter unter dem Blickwinkel – alle zehn Minuten von einem der Ausflugsboote die gleiche süffisante Bemerkung zur Überschreitung der Baukosten bei der Instandsetzung der Museumsinsel in leicht modifizierter Form zum Besten gegeben wurde?

So wie auch der Fortschritt an einer anderen, größeren und weithin sichtbaren Baustelle regelmäßig dokumentiert, diskutiert und infrage gestellt wurde, änderte dieses Bauwerk doch Tag für Tag seine äußere Erscheinung. Nicht auffallend, aber doch Stück für Stück wurde der „Palast der Republik" immer weniger. Schließlich standen nur noch die Treppenhäuser da und erinnerten ein wenig an die Türme, die Peter Zumthor auf das Gelände des ehemaligen Hauptquartiers der Gestapo gestellt hatte. Die „Topographie des Terrors" aber wurde der mangelnden touristischen Attraktivität wegen vom Senat wieder abbestellt – unter dem Vorwand, dass die Baukosten nicht kalkulierbar seien.

Das waren sie hier in der Stadtmitte auch nicht, wie sich im Lauf der Abrissarbeiten herausstellen sollte. Aber es ging um die Beseitigung eines der Symbole des verhassten SED-Regimes. Im kleinen Saal hatte die Volkskammer getagt, das Parlament der DDR. Im großen Saal – 67 Meter breit und 18 Meter hoch – fanden zwischen 1976 und 1990 die SED-Parteitage unter der Leitung Erich Honeckers statt.

Fast drei Jahre dauerte der Abriss von „Erichs Lampenladen", wie das Gebäude wegen der vielen Lüster spöttisch genannt wurde. Das Asbest, das den Stahlbeton vor Hitze schützen sollte, wurde nach der Wende als gesundheitsschädlich eingestuft und entsorgt. Dadurch entstand die lange Jahre bestehende Rohbau-Situation, in der später von Künstlern und Event-Managern Veranstaltungen inszeniert wurden, die nur in diesem Rahmen überhaupt möglich waren.

Die Ausstellung „Fraktale" nutzte das baustellenähnliche Gebäude, um in dem fragilen Ambiente die Werke junger Künstler zum Thema „Tod" zu präsentieren. Sie bauten den „White Cube" in den Palast, in dem später die Ausstellung „36x27x10" stattfand. 10.000 Besucher sahen innerhalb einer Woche – zwischen Weihnachten und Silvester – die Werke international bekannter Künstler, die in Berlin lebten.

Mit ihren Leihgaben engagierten sich die Künstler dafür, diesen außergewöhnlichen Raum mit den Maßen 36 x 27 x 10 Meter weiterhin als Ausstellungshalle für zeitgenössische Kunst zu nutzen. Doch der Bundestag schlug sich mit großer Mehrheit auf die Seite der Kulissenschieber und beschloss die Finanzierung einer nicht näher definierten Kultureinrichtung hinter nachgemachten historischen Fassaden.

Die Entscheidung für das „Humboldt-Forum" – wie die Replik des Schlosses genannt wird, um Weltläufigkeit und zukunftsorientierte Nutzung des Projekts zu betonen – lässt sich wohl nur mit der Attitüde des Siegers im historischen Wettstreit der politischen Systeme erklären. Vorwärts in die Vergangenheit, das scheint die Devise zu sein. Egal, ob Pariser oder Leipziger Platz, Stadtschloss oder Museumsinsel: Neu gebaut wird im Stil des 18. oder 19. Jahrhunderts.

Was die Unfähigkeit angeht, Altes mit Neuem zu verbinden, können sich die Systeme durchaus die Hand reichen: Das in den Achtzigerjahren nachgebaute Nikolai-Viertel sollte den Eindruck einer echten Altstadt vermitteln, doch bei den Besuchern hinterlässt es nur den schalen Geschmack eines historischen Disneylands aus Plattenbauten.

Dass die Berliner so eine Vorliebe für historische Gebäude entwickelt haben, hat wohl mit den großflächigen Zerstörungen im Zweiten Weltkrieg zu tun. Seither sehnt man sich nach der guten alten Zeit. Wie gut, dass kaum jemand weiß, dass überall dort, wo große Grünflächen die Innenstadt schmücken, ein alter Friedhof darunter verborgen ist. Oder Wohnhäuser, deren Bewohner ermordet worden sind. Die Vernichtung der Vergangenheit war auch schon früher eine beliebte Beschäftigung der Stadtplaner.

Die Arbeiten an den Nachbarhäusern dauern meist nicht so lange wie der Palast-Abriss. Doch kaum beginnt man das Frühstück auf der Dachterrasse zu genießen, wird der Bürgersteig aufgegraben, weil die Stromleitungen erneuert werden müssen. Und abends bleiben manche doch lieber im Wohnzimmer, wenn sie nicht gerade das neueste Update im Beziehungsgefüge der Nachbarn mithören wollen.

Tourismus und Wahrheit

Die Museumsinsel lockt den Kunstinteressierten, die Film-fans besuchen die Berlinale, zu Pokalfinale und Fußball-WM reisen Hunderttausende Fans an. Das Brandenburger Tor ist während der Hälfte des Jahres Schauplatz von Großereignissen, und die Clubs ziehen die Jugend der Welt magnetisch an.

Der Berliner weiß sehr wohl, worin die Vorteile des Großstadtlebens bestehen. Auch wenn er sie nicht genießt. Aber theoretisch wäre es ihm möglich, in eines der drei Dutzend Theater zu gehen, sich die Uraufführung eines Films anzusehen oder eines der mehreren hundert Museen heimzusuchen. Aber die laufen einem ja nicht weg. Einstweilen geht er lieber mit seinem Hund spazieren oder trinkt Kaffee beim Nachbarn.

Das könnte er auch in jeder beliebigen Kleinstadt tun oder sogar auf dem Dorf. Aber alle anderen Möglichkeiten bietet nur Berlin. Daher ist es ihm unverständlich, wie man irgendwo anders wohnen kann als hier. Und er versteht trotzdem nicht, warum alle hierherkommen. Denn am liebsten hat er seine Ruhe. Also: Willkommen in der Hauptstadt der Meckerer, die zu einem Gutteil von den Einnahmen aus dem Tourismus leben.

Wie das möglich ist? Manchen Fremden fasziniert wohl gerade die vielzitierte „Berliner Schnauze" – wenn man den schnoddrigen Umgangston nicht täglich ertragen muss, kann er ja auch ganz amüsant sein. Das gewichtigste Argument für einen Berlin-Urlaub ist aber mit Sicherheit die Geldbörse. In keiner anderen Großstadt kann man so billig essen, trinken, übernachten oder sich die Nächte um die Ohren schlagen wie in Berlin.

„Arm, aber sexy"

Folgerichtig wirbt die Stadt mit dem Slogan „Mehr für Ihr Geld". Berlin ist mit Sicherheit eine der günstigsten Weltstädte, die es im Moment gibt. Rom oder Madrid sind definitiv teurer, ganz zu schweigen von London, Paris, Mailand oder New York.

Und getreu dem Wahlspruch „Arm, aber sexy" buhlt man vor allem um Billig-Touristen, die maximal viele Museen und die maximale Anzahl von Nachtlokalen an einem Wochenende konsumieren wollen. Die Szene macht's mit, schließlich sind die (Möchtegern-)Künstler von den Touristen abhängig, in der Stadt selbst sind kaufkräftige Kunden selten – und dem Nachschub aus der Provinz kann man noch zeigen, wie verrucht die Hauptstadt ist.

Das Schlimmste, was der Schwulenszene passieren konnte, ist doch ein kreuzbraver Parteisoldat aus Lichtenrade als Regierender Bürgermeister. Mit der Avantgarde ist es nun vorbei, aber dafür ist Berlin die internationale Hauptstadt der Schwulen. Vor allem südeuropäische Jungs tummeln sich hier, um ungeahnte Dinge zu erleben. Schon halten es Hotels für notwendig zu betonen, dass sie heterosexuelle Touristen auch beherbergen.

Man überlässt dem Nachtleben die Brachen, abgewrackte Kraftwerke und ehemalige Fabriken. Ein ehemaliges Busdepot wird zum Kulturzentrum, in dem Konzerte und nicht subventioniertes Theater („Caveman") veranstaltet werden, auf der Spree ankert das „Badeschiff", in dem die Szene sich tummelt, um sich zur Schau zu stellen, hinter wagenradgroßen Sonnenbrillen zu chillen oder – im Winter – in der Sauna zu schwitzen.

Dem Betreiber hat man auch das ehemalige Metropol-Theater verkauft. Er hat es mit einer Aufführung der „Dreigroschenoper" wiedereröffnet, mit Klaus Maria Brandauer und Campino von den Toten Hosen als Zugpferde. Im Admiralspalast, wie er jetzt wieder heißt, möchte man an die verruchten, wilden und strahlenden Zwanzigerjahre des vorigen Jahrhunderts erinnern – eine Zeit, in der die Stadt der heutigen in vielem ähnelte.

Die leuchtenden Boulevards, die vielen neu eröffneten Kinosäle, das berühmte „Haus Vaterland" am Potsdamer Platz – in dem sich die Besucher wie in einer Weltausstellung von der Mexiko-Bar am Wüstenrand zum Heurigen in Wien-Grinzing begeben konnten –, die unzähligen Bier- und Weinstuben, die einschlägigen Etablissements und Filme hat Christopher Isherwood eindringlich beschrieben und Bob Fosse im Film „Cabaret" kongenial umgesetzt. Diese Bilder prägen unsere Vorstellung von den ungestümen, entgrenzten Jahren der Weimarer Republik.

Und doch war es nur die eine Seite der Medaille. So wie die heutige Hauptstadt war auch das Berlin der Zeit nach dem Ersten Weltkrieg für die Reichen und für die Besucher vor allem eine Stadt des Vergnügens – mit zweifelhaftem Ruf. Viele wollten den Sündenpfuhl persönlich sehen, viele flohen schon damals vor der engen Provinz in die Großstadt.

Gleichzeitig wurden die Arbeiter schlecht bezahlt, ihre Ersparnisse fraß die Inflation auf, die Armen hungerten – und ähnlich wie heute lebte ein Drittel der Bevölkerung von Zuwendungen des Staates. Viele hatten keine Arbeit, manche bekamen eine kleine Rente als Kriegsinvaliden. Andere verdienten sich als Schuhputzer oder Zeitungsverkäufer was dazu.

Dass Berlin auch die größte Industriestadt zwischen Atlantik und Ural war, wird leicht vergessen, daran erinnern auch nur noch die Überreste der einstigen Produktionshallen, Fabriken und Hinterhöfe, die zu Diskotheken, Clubs und Lofts umgebaut wurden, in denen jetzt die kreative Elite arbeitet oder feiert. Vor allem die Touristen lieben das trashige Ambiente. Sie stellen inzwischen auch den Großteil der Besucher, und aus dem improvisierten, unspektakulären Dilettantismus der Nach-Wende-Zeit ist längst ein Wettbewerb um die schrägste Performance, die angesagtesten DJs und die coolsten Gäste geworden.

„Sexy Memorial Pics"

So sind es vor allem die wilden Musikclubs, mit denen die Berliner ihre Gäste so wunderbar beeindrucken können: Ob Berghain, Tresor, Watergate oder KitKatClub, die Kraftzentren der nächtlichen Umtriebe, beheimatet in mächtigen Industrieruinen, dunkel und lasziv, verführerisch und bedrohlich, erfüllt vom Schweiß der tanzenden Gemeinde, verzaubert vom Trockennebel, locken die Massen an – die sich mit überall erhältlichen Drogen und billigem Alkohol zudröhnen.

Zur Marke avanciert sind inzwischen die „easyJet-Touristen", die am Freitagabend ein- und am Sonntagabend wieder abfliegen. Vom Flughafen Schönefeld fahren sie direkt zum weltberühmten Club Berghain und versuchen ihr Glück in der Hunderte Meter langen Schlange. Dürfen sie rein, sind sie glücklich und versuchen unter Zuhilfenahme von allem, was wach hält, so lange durchzuhalten, dass sie den Club möglichst dann erst wieder verlassen, wenn sie ihren Rückflug erreichen müssen.

Werden sie vom ebenfalls weltberühmten Türsteher abgewiesen, gehen sie in einen der anderen Clubs in der Umgebung und trösten sich mit den gleichen Substanzen, die überall im Umlauf sind. Vielleicht übernachten sie in einem Billighotel oder finden eine private Bleibe irgendwo in der Stadt. Das, was sie an Devisen in der Stadt lassen, fließt meist in dunkle Kanäle und reicht nicht einmal für die Beseitigung des Mülls, den sie hinterlassen.

Der Jugend ihre Torheit, jeder Stadt, was sie verdient. Es passt dann auch ins Bild, wenn im Bordmagazin von easyJet Modefotos gedruckt werden, die Models im knappen Schwarzen inmitten des Holocaust-Mahnmals zeigen – oder adrette Jungs, die sich entspannt an die Stelen lehnen. Die Fluglinie hat sich gleich entschuldigt und das Produkt eingestampft. Dennoch hat der Vorfall, der auch in Israel Aufsehen erregt hat, eine Diskussion um das Mahnmal angestoßen. Was darf man dort, was darf man nicht?

Der Architekt des Holocaust-Denkmals gab sich entspannt: Er habe auf YouTube und auch mit eigenen Augen schon Schlimmeres gesehen zwischen den Stelen. „Das geht von Oben-Ohne-Sonnenbaden bis zu Sex", erklärte Peter Eisenman. „Wenn das Mahnmal wirklich so offen ist, wie wir es geplant haben, ohne Zaun, wie soll man so etwas dann verhindern?"

Eine andere Zielgruppe des Berlin-Tourismus liebt es ebenfalls, sich am gruseligen Ort zu verewigen: Auf den Schwulentreff-Plattformen im Internet findet man jede Menge „Sexy Memorial Pics". Ist es der Reiz des Verbotenen, die Erinnerung an die Verfolgung oder einfach nur das „coole" steinerne Ambiente, das die harten Jungs reizt, sich hier in Positur zu werfen?

„Was bist du für ein Idiot?"

Berlin-Urlauber, die auf ein Mindestmaß an Umgangsformen Wert legen, fühlen sich oft schlecht behandelt: „Die Berliner übertreiben gewisse deutsche Tugenden", erklärt ein Hamburger. „Der Deutsche ist per se neidisch und missgünstig, der Berliner ganz besonders. Der ist einfach so, der ist aggressiv und kann sich in der Regel nicht benehmen. Man geht auf der Straße und wird angehupt, der Typ lässt das Fenster runter und pöbelt einen an: ‚Was bist du für ein Idiot?'"

Andererseits gibt es durchaus Touristen, die gerade das für eine bereichernde Eigenschaft halten. „Ich finde es erfrischend", erfahre ich von einer Touristin vor dem Brandenburger Tor. „Wenn man von den Berlinern angeschnauzt wird, kann man selbst auch zurückschnauzen. Das baut Aggressionen ab." Wenn's dem Seelenfrieden dient – aber muss man dafür eine ganze Stadt mit dreieinhalb Millionen schlecht gelaunten Einwohnern künstlich am Leben erhalten?

Die Berliner pflegen gegenüber Gästen die Attitüde „Wir wollen nur Ihr Bestes, nämlich Ihr Geld". Fremde behandeln sie mit derselben ausgewählten Unfreundlichkeit, mit der sie auch untereinander verkehren. Diese Haltung ist nicht neu, sie hat eine lange Tradition: Schon Ende der Zwanzigerjahre wunderte sich Kurt Tucholsky über die „etwas komisch anmutenden Versuche, einen Fremdenverkehr zu organisieren, dabei außer Acht lassend, dass sich kein Mensch auf dieser Welt für Geld gern unhöflich behandeln lässt".

„Es lebt in Berlin ein so verwegener Menschenschlag zusammen, dass man mit der Delikatesse nicht weit reicht, sondern dass man Haare auf den Zähnen haben und mitunter etwas grob sein muss, um sich über Wasser zu halten." Diese Charakterisierung von Goethe ist noch zurückhaltend, und heute zeigt sich, dass alle Versuche, die Berliner in ihren Umgangsformen zu veredeln, gescheitert sind.

Schon während die Stadt geteilt war, verging den meisten Berlinern der ihnen hartnäckig nachgesagte Humor. Da sich kaum Touristen in die Stadt verirrten, fiel das nicht weiter auf. Wer kam, erschauderte beim Anblick der Mauer, die schnodderigen Umgangsformen der West-berliner passten ebenso zum Bild der grauen, herunterge-kommenen Stadt wie die hochnäsigen, bedienungsunwil-ligen Kellner und Buchhändler, mit denen man im Osten der Stadt in Berührung kam, wenn man verzweifelt ver-suchte, die 25 Mark loszuwerden, die man zwangsweise in das Mickey-Maus-Geld der DDR tauschen musste.

Seit Berlin versucht, so etwas wie eine moderne Dienstleistungsmetropole zu werden, die sich dem Tou-rismus verschrieben hat, sind die von Einheit, Besucher-strömen und Hauptstadtfeiern geplagten Eingeborenen nur noch eine Zumutung für zivilisierte Zeitgenossen. Vorzugsweise übellaunig, aggressiv und unfreundlich tre-ten sie den Besuchern gegenüber. Fremden, die es an die

Spree verschlägt, ist zum nervenschonenden Umgang mit den Hauptstädtern nur ein – typisch Berliner – Rat zu geben: Am besten nicht mal ignorieren.

„Besser, als wenn nischt jemacht wird"

Auch wenn sie es gar nicht so meinen, wie sie selbst gerne versichern. Eigentlich sind sie ja ganz ausgeglichen – angesichts der täglichen Plagen, die Tag für Tag über sie hereinbrechen seit der Wende: Zuerst erschütterte die Invasion der Ostberliner, die den Ku'damm mit ihren Trabi-Abgasen verpesteten, überall Fotos machten und auch noch berlinerten ohne Scham und Reue, die traute Kiez-Welt des Charlottenburgers.

Dann folgten die illegalen Clubs, die Ecstasy-Hüpfer und der ganze Techno-Wahnsinn mit Love-Parade und aufgebretzelten Dirndl- und Karottenhosen-Ravern, die ihre Notdurft im Tiergarten verrichteten. Und überall die Schlangen von zugedröhnten Jugendlichen vor den Bunkern, die nur eins wollten: hinein in das Stroboskoplicht, noch mehr Drogen, geile Musik, Vibes, Beats und kein Tageslicht mehr sehen für den Rest ihres kurzen Lebens in Freiheit …

Schließlich die Zuwanderer aus dem Westen und Süden, die Künstler aus aller Welt, die hierherkommen, weil sie hier günstig leben und ihren verworrenen Ideen nachgehen können, die Touristen aus dem Rest Europas und der Welt, die Hauptstadt- und Jubiläumsfeiern … Man weiß schon gar nicht mehr, wann die Straße des 17. Juni zwischen Großem Stern und Brandenburger Tor überhaupt noch befahrbar ist, so oft finden dort Events, Fanmeilen und Kundgebungen statt.

Dazu noch die permanenten Filmdrehs, die den Anwohnern die wenigen Parkplätze in der unmittelbaren Umgebung rauben. Man will morgens zur Arbeit fahren – doch womit? Hat wieder einer vor drei Tagen ein Schild hingestellt, und jetzt steht ein Catering-Wohnwagen an der Stelle, wo vorher das eigene Auto geparkt war. Wohl wieder so ein cooler Berlin-Mitte-Film, der hier entsteht – und da soll man sich nicht aufregen?

Die Schriftstellerin Monika Maron hat im September 1999 einen Beitrag für das Kursbuch *Berlin. Metropole* verfasst, in dem sie eine Lanze für sich und ihre Landsleute bricht. Unter dem Titel „Eigentlich sind wir nett" schreibt sie darüber, was die Berliner alles aushalten müssen – Tag für Tag die Baustellen und die Touristen, und das seit Jahren. Alle anderen hätten sich wirklich beschwert, wenn ihre Stadt ständig umgegraben und neu verbaut werden würde, die Berliner gingen zur Baustellenbesichtigung.

Nach dem Motto „Na, wennt sein muss, besser, als wenn nischt jemacht wird, oder?" pilgerten sie Sonntag für Sonntag zur Großbaustelle am Potsdamer Platz, um sich in der roten Info-Box über den Fortgang der Arbeiten zu informieren. So wie früher an der Mauer stand man jetzt auf einer Empore und schaute hinüber – lange

Zeit auf ein großes, tiefes Loch, das langsam mit Beton gefüllt wurde. Zu sehen waren eigentlich nur die Kräne und ein weit verzweigtes Netz aus dicken, blauen Rohren, die dazu dienten, das Grundwasser abzuleiten.

Egal, der Weg ist das Ziel, und so übernahm die für das Tourismus-Marketing zuständige „Partner für Berlin GmbH" den von den großen Investoren initiierten Baustellen-Kult. Mit dem Slogan „Berlin: offene Stadt – die Stadt als Ausstellung" wurden Besucher in die Stadt gelockt, die sich die 180 aus abgewrackten Kränen gefertigten „Stadt-Zeichen" ansehen sollten. Anhand von Schautafeln zu Geschichte und Gegenwart des jeweiligen Ortes konnte man sich über die tollen Pläne der Bauherren informieren.

Kiezdeutsch und Metrolekt

Der Berliner redet, wie ihm der Schnabel gewachsen ist. Der gebildete Ossi berlinert, um sich vom Wessi abzusetzen. Bei dem ist das Berlinische als Unterschichtidiom verpönt. Die jungen Türken haben ihre eigene Umgangssprache.

Ihr blaues Wunder erleben die Neu-Berliner in Mitte und Prenzlauer Berg, wenn die Kleine aus dem städtischen Kindergarten kommt und sagt: „Ich muss pullern!" So gewöhnen sich die Eltern ganz schnell daran, dass in Berlin eben nicht gepinkelt wird und dass der Sohn nicht mit seinem Schniedel spielt, sondern am Puller zieht. Es gibt Schlimmeres, zum Beispiel wenn man glaubt, die berlinernde Aussprache des „i" (als „ü") habe man jetzt langsam eliminiert, und dann liest man im Schreibheft des Zweitklässlers die Überschrift „Der Hürsch". Was soll das junge Mädel denken, wenn der Sohnemann später einmal zu ihr sagt: „Ick lübe dir."

Während auf dem Land der Gegensatz zum Dialekt – die Hochsprache – nur in der Zeitung Verwendung findet, ist die Situation für den Berliner anders, weil er „den Archipel seiner Muttersprache von einer nicht nur papierenen Flut von Hochdeutsch umbrandet fühlt", wie schon Walter Benjamin schrieb. Soll heißen: Der Schwabe oder der Plattdeutsch sprechende Holsteiner redet mit seinem Nachbarn eine ganz andere Sprache als die, die er liest oder im Fernsehen hört.

Der Berliner aber muss angesichts der Touristen und Neu-Berliner seine Artikulation dem Hochdeutsch zumindest annähern, sonst sind seine Kommunikationsbemühungen von vorneherein zum Scheitern verurteilt. Man muss also nicht erst die Psychologie bemühen, um auf die Idee zu kommen, dass die berühmte „Berliner Schnauze" als Überkompensierung eines Minderwertigkeitskomplexes gesehen werden kann – als Mittel, die eigene Identität gegen die permanente äußere Anforderung zu verteidigen.

„Meene Schnauze vabietet mia keena!"

Genau betrachtet ist das Berlinische kein Dialekt, sondern eher ein Metrolekt, eine Sprache der Großstadt, die aus einem Gemisch verschiedener Umgangssprachen entstanden ist. Typisch sind Anlautverweichung (jut, jehen) und Auslautverhärtung (wat?). Akkusativ und Dativ werden überflüssig, wenn der Berliner statt „mir" und „mich" das sparsame „ma" verwendet. Aber eigentlich sagt der Berliner immer „mir", auch wenn's richtig ist.

Viele Schriftsteller und Künstler aus Ostberlin verwenden das Berliner Idiom extra, um ihre Eigenständigkeit zu betonen – auch wenn sie in ihrem Elternhaus immer Hochdeutsch gesprochen haben.

So wie es in Westberlin immer üblich war und noch ist: Wer berlinert, gehört zur Unterschicht. Meist wird die Umgangssprache mit sozialen Problemfällen in Verbindung gebracht, oder man verwendet sie mal zwischendurch, um das Lokalkolorit zu betonen. So wie die *B.Z.* vom 8. April 2010, die zur Gänze „berlinat" – die Boulevardzeitung ließ eine ganze Ausgabe ins Berlinische übersetzen.

Hier beklagt denn auch ein Wessi in seinem Kommentar „Meene Schnauze vabietet mia keena!", dass Berlinern in der Schule nicht gut angesehen war und er „seene Muttasprache vajessn" musste. Doch es gibt ein Happy End: „Denn ick kanns noch. Jott sei Dank! Die

Lehra hab ick veräppelt, inna Schule ümma nur sojetan. Ick lass ma nich dit Herz aus de Brust reißn!"

Die Zeitungsausgabe zeigte wieder einmal, dass sich Umgangssprache schlecht in der Schriftform weitergeben lässt. Die Redaktion empfahl folgerichtig das gegenseitige Vorlesen der Zeitung.

Sch(m)erz lass nach

Auch wenn das eigene Kind nicht berlinernd nach Hause kommt, bringt es doch eine Menge neuer Wörter mit: die Stulle, die Kürsche, Keule für Freund und vor allem das Wörtchen „tun", das man zwar kennt, aber nicht in der Bedeutung des treuen Begleiters jedes Zeitworts, egal in welchem Zusammenhang. „Das tut man hier nicht machen tun." Eine ähnlich wichtige Bedeutung für die Berliner Umgangssprache hat die Präposition „zu". Der Satz „Ich habe einen Koffer in Berlin" ist zwar weltberühmt, aber er müsste eigentlich lauten: „Ick habe eenen Koffer hier zu stehen."

Besonders gerne machen sich die Berliner über ihre Bauwerke lustig. Die Bezeichnungen sind manchmal treffend – wie „Bierpinsel" für ein Turmrestaurant in Steglitz. Oder „Tränenpalast" für den ehemaligen Grenzübergang an der Friedrichstraße. „Telespargel" für den Fernsehturm und „Langer Lulatsch" für den Funkturm sind schon weniger gelungen. Und „Schwangere Auster" für die Kongresshalle, „Seelenbohrer" für einen modernen Kirchturm, „Hohler Zahn" für die Gedächtniskirche, „Goldelse" für den Großen Stern – na ja.

„Ich mach dich Messer"

„Kiezsprache" nennen Wissenschaftler eine Jugendsprache des Deutschen, die in Bezirken mit einem großen Migrantenanteil gesprochen wird und sich vor allem in der Grammatik vom Hochdeutschen unterscheidet. Das Phänomen gibt es auch in anderen deutschen Städten, ja überall in Europa. In Berlin ist „Kiezdeutsch" vor allem in Kreuzberg und Neukölln zu hören.

Für den Vater, der sich bemüht, seinem Kindergartenkind korrektes Deutsch beizubringen, ist dieser Dialekt einfach nur ärgerlich. Es ist dasselbe wie mit den Wörtern geil, cool, fett, voll oder krass. Man versucht, den Wortschatz des Nachwuchses entsprechend der eigenen Bildung zu erweitern und ihm beizubringen, dass es verschiedene sprachliche Möglichkeiten gibt, die Attraktivität eines Gegenstands deutlich zu machen, und hört als Antwort immer nur „geil". Aber mit diesem Phänomen sind die älteren Generationen seit Jahrhunderten konfrontiert, und die Kultur hat es überlebt.

Zurück also zur Sprachwissenschaft: Die ist davon überzeugt, dass es sich um eine interessante und wertvolle Entwicklung handelt und dass es möglich ist, die Jugendlichen über die Beschäftigung mit ihrem Soziolekt – den sie nur unter sich sprechen, nicht mit den Eltern oder in der Schule – für die Grammatik der Standardsprache zu begeistern.

Kiezdeutsch wird von den meisten Teenagern nur als Zweitsprache, manchmal auch als Provokation benutzt. Wer Hochdeutsch spricht, gerät schnell in den Verdacht, die Nase sehr hoch zu tragen. „Isch mach dich Messer" („Ich greif dich an") oder „Bist du U-Bahn?" („Fährst du mit der U-Bahn?") sind typische Sätze, oder: „Wir kenn uns schon vom Fitness."

Im Prinzip beruht der Jugend-Dialekt auf einer Vereinfachung: Nach dem Vorbild des Englischen werden die Sätze nach dem Schema Subjekt-Verb-Objekt gebildet. Gibt es zusätzliche Informationen, werden sie vorangestellt. Zum Beispiel: „Morgen ich geh Kino." Artikel und Pronomen werden weggelassen, um Zeit zu sparen, ebenso die Fälle und andere überflüssige Teile von Wörtern. „Machstu rote Ampel?" = Du gehst bei Rot über die Straße?

An diesem Satz ist eine weitere Änderung erkennbar: Mehrere Wörter werden zu einem neuen kombiniert – musstu, lassma, ischwör. Gleichzeitig wird die Wortstellung im Satz geändert, weil die Aufforderung vorangestellt wird. Das „Lassma aussteigen" entspricht dem im Hochdeutschen ebenfalls gebräuchlichen „Bitte aussteigen". So, genug Sprachwissenschaft. „Ischwör Alter, is so."

Was den Berliner ernährt – Kohle und Kreativität

Die Profiteure der Krise

Wer in der Boomzeit nach der Wende baufällige Häuser erworben, saniert und vor der Krise wieder abgestoßen hat, kann sich über satte Gewinne freuen. Und an einer Folge des Platzens der Internet-Blase, den vielen Kindern, lässt sich gut verdienen.

In der euphorischen Zeit nach der Wende und der Entscheidung für Berlin als deutsche Hauptstadt schossen die Prognosen ins Kraut: Man erwartete, dass die Einwohnerzahl um die Hälfte steigen werde und sich sämtliche Konzerne in der neuen Kapitale ansiedeln würden. Die großflächig geplanten Einkaufsquartiere in der Friedrichstraße und die Großbaustelle am Potsdamer Platz befeuerten diese Fantasien.

Internationale Stararchitekten eröffneten Büros in Berlin und beschäftigten einige hundert Nachwuchskräfte über Jahre mit dem Aufriss von biomorphen Hochhäusern, exquisiten Shopping Malls und futuristischen Verwaltungsgebäuden, eingebunden in den stadtplanerischen Entwurf einer Megacity des 21. Jahrhunderts, für die jeder der beteiligten Groß-Baumeister einen kühnen Masterplan vorlegen wollte. Die Realität sah weniger vielversprechend aus. Nach den Einschränkungen, die vom Senat auferlegt wurden – das mittelalterliche Straßenraster sollte wiederhergestellt und die Traufhöhe von 22 Metern eingehalten werden –, kam die bittere Erkenntnis, dass in Berlin einfach zu wenig Geld investiert wurde. Die Wirtschaft war noch zurückhaltender als die Politik, und so blieb die Deutsche Bahn der einzige Großkonzern, der seine Zentrale in Berlin errichtete – und das auch nur auf Drängen der politischen Entscheidungsträger.

Wer in die Hauptstadt zog, hat es nicht bereut, auch wenn die definitiven Zahlen, welche Gelder an welche Firmen geflossen sind, nur durch mühsame Recherchen herauszufinden sind – sofern sie überhaupt in den verschiedenen Statistiken aufscheinen. Förderungen gibt es zuhauf, auf Landes-, Bundes- und europäischer Ebene.

Der Berliner Senat empfängt jeden mit offenen Armen, der mehr als ein halbes Dutzend Arbeitsplätze verspricht, und sorgt für Immobilien, Kredite und Steuererleichterungen auf unabsehbare Zeit. Die meisten Firmen sind schon wieder weg oder pleite, bevor die Geschenke sich lohnen. Und mit ihrer Strategie, etablierte Firmen aus anderen Städten mittels Fördergeldern wegzulocken, macht sich die Hauptstadt nicht gerade beliebt.

Besonders bitter war der Einbruch der IT-Branche und des Internetgewerbes am Ende der Neunzigerjahre. Im Crash des Neuen Marktes wurde nicht nur das Geld der Investoren versenkt, auch die Zuschüsse und Fördergelder waren auf Nimmerwiedersehen weg. Während der Folgejahre redete man den arbeitslos gewordenen Mediengestaltern, BWL-Absolventen und Programmierern ein, sich selbstständig zu machen.

Die Gründung der Ich-AGs hatte Vorteile für beide Seiten: Die Arbeitsagentur konnte die Zahlen schönen und die Neo-Unternehmer erhielten eine Startförderung, von der sie zumindest neun Monate leben konnten. Viele Teilnehmerinnen an diesem Programm stellten fest, dass es schön war, hier zu leben, aber schwer, eine florierende Firma aufzubauen. Also verdoppelten sie ihre Auszeit und gründeten eine Familie.

Und weil das Kinderkriegen so ansteckend ist, dauerte es nicht lang und die Geburtenrate stieg in ungeahnte Höhen.

Inzwischen gibt es in Mitte und Prenzlauer Berg Läden mit Büstenhaltern in D+, Laufrad-Ersatzteilen, Hochzeitskleidern und den größten Bio-Supermarkt Europas. Und die Phorms-Schule wurde hier gegründet, die mit Bildung endlich auch Geld verdienen wollte. Das gelingt ihr auch, denn der Elite-Nachwuchs aus der ganzen Stadt wird morgens in die Stadtmitte gekarrt, um auf die glorreiche Zukunft eines Angehörigen der zukünftigen Elite vorbereitet zu werden.

Man bekommt also etwas geboten für sein Geld. Wer sich in der Stadtmitte oder an der Rummelsburger Bucht ein Townhouse gebaut hat, wird bei der Ausbildung seiner Kinder nicht sparen. Und wer sich eine Dachgeschosswohnung am Arkonaplatz gekauft hat, legt auch locker einen Tausender pro Monat für die Schule hin. Die Bonuszahlungen werden schon wieder steigen.

So wie der Wert der Häuser in dieser Umgebung. Glücklich, wer ein halbwegs erhaltenes Haus kurz nach der Wende gekauft und saniert hat. Jeder, der damals ein minimales Startkapital hatte und sich nicht total dämlich angestellt hat, ist mit einem ordentlichen Profit belohnt worden. Die Arbeitskräfte waren günstig zu haben, unter der Hand wurden Polen und Ukrainer beschäftigt, die noch weniger verdienten.

Die Sanierung der meisten Objekte wurde so nachlässig durchgeführt, dass sie nach zehn Jahren schon wieder komplett abgewohnt aussahen. Architekten waren nur in den seltensten Fällen bei den Wohnungsaus- und -umbauten beteiligt. Wer hier auf Wohnungssuche geht, kann einiges erleben: „Großzügige Dachgeschosswohnungen" erweisen sich als Ansammlung von Kammern, in denen das Aufrecht-Stehen aufgrund der vielen Schrägen kaum möglich ist.

Als Filmset wären einige davon sicher interessant. Säulen, die keinerlei Funktion haben, aber mitten in der Sichtachse stehen, und schiefe Wände erinnern an die kubistischen Treppenhäuser im „Cabinett des Dr. Caligari". Viel Stauraum heißt im Klartext, dass alle Ecken, die beim unüberlegten Ausbau des Dachs übrig geblieben sind, zu Abstellräumen gemacht wurden, und der wunderbare Ausblick erweist sich als Einblick in die Wohnung(en) gegenüber.

Die gekachelte und rundum eingefasste Dachterrasse bringt einen sofort auf die Idee, das Wasser einzulassen und drin zu baden, aber die Stufe ins Wohnzimmer ist leider nicht hoch genug, um darin auch schwimmen zu können. Als Ausgleich kann man den angeregten Gesprächen der Nachbarn lauschen, die direkt daneben sitzen.

Der Hausbesitzer (und frühere Bewohner) residierte inzwischen in einem mondänen Haus im ruhigeren Pankow, das er – wer gute Verbindungen hat, weiß wie – günstig ersteigert hat. Es stammte aus ungeklärtem jüdischem Besitz. Den in Mitte hat er inzwischen verkauft, die zweite Sanierung stand an, aber weil die Gegend nicht mehr zum Stadterneuerungsgebiet zählt, wäre das ins Geld gegangen.

Da traf es sich gut, dass der Kontakt mit einem Banker aus London zustande kam, der unbedingt ein lohnendes Objekt in dieser angesagten Ecke erwerben wollte. Zum Glück für den Verkäufer gingen die Verhandlungen noch vor der Bankenkrise über die Bühne, und so konnte er seinen Gewinn gleich in ein paar lohnende Objekte im angrenzenden Bezirk investieren, der jetzt auch aufgehübscht werden soll.

Peter Dussmann hat schon frühzeitig ein schmuckes und herrschaftliches Gebäude in Berlin errichtet. 1997 eröffnete er unter der Konzernzentrale seiner Reinigungsfirma ein „Kulturkaufhaus", das wegen seiner Lage in der Nähe des Bahnhofs Friedrichstraße mit verlängerten Öffnungszeiten punkten konnte und sich dadurch Sympathien bei den in der Umgebung tätigen Journalisten erwarb, die noch spätabends hier einkaufen können.

Die Dussmann-Gruppe hat für ihre Geschäftsfelder, die von der Reinigungs- und Hausmeistertätigkeit über Catering, Sicherheitsdienst und Altenpflege bis zur Vermietung von Kurzzeit-Büros reichen, den wunderbaren Terminus „Multidienstleister" erfunden. Immerhin ist die Gruppe mit über 50.000 Angestellten weltweit einer der größten Arbeitgeber in der Hauptstadt.

Und sie profitiert von der Krise. Wenn Unternehmen und öffentliche Einrichtungen Geld sparen müssen, wird alles, was nicht zum Kerngeschäft gehört, ausgelagert. Wo früher Köche, Portiere und Putzfrauen als Firmenangestellte tätig waren, werden nach der Umstrukturierung diese Stellen gestrichen und Dienstleistungen gebucht – zum Beispiel bei Dussmann. Deshalb kann das Familienunternehmen auch konstante Umsatzsteigerungen verzeichnen. Man hat frühzeitig in den neuen Bundesländern investiert und sich so nach Osten hin immer weiter ausgedehnt. Zuerst nach Polen und Russland, später bis nach China und Vietnam. Aber auch in den USA gibt es Niederlassungen. Geputzt werden muss eben überall, und besonders die westlichen Gesellschaften werden immer älter.

Dass sich jemand ein kulturbeflissenes Mäntelchen umhängt, um eher niedrige Tätigkeiten zu kaschieren, ist ja nicht sittenwidrig. Soll sich doch der Unternehmer im Glanz der Kultur sonnen, solange er ordentliche Löhne zahlt. Doch so kompetent man tagsüber oft beraten wird, wenn man eine bestimmte CD sucht, so häufig trifft man abends auf Aushilfskräfte, die so gut wie keine Ahnung haben, ob ein Titel lagernd ist und wo man ihn finden könnte.

Kreative Stadt Berlin? –
Konzept und Irrtum

Das Konzept ist klar: Die Hauptstadt versucht, aus dem Mangel Kapital zu schlagen. Kreative aus ganz Europa werden in die Stadt gelockt – mit Förderungen, billigem Atelier- und Wohnraum und einem überbordenden Kulturangebot. Der Irrtum: Ideen allein bringen kein Geld. Was fehlt, sind die Infrastruktur und die Käufer für die Kreativwirtschaft.

Berlin ist eine Stadt im Umbruch, noch weiß niemand, ob und wie sich die Hauptstadt jemals selbst erhalten kann. Zurzeit lebt sie von den Subventionen des Bundes und vom Länderfinanzausgleich. Trotzdem geht man forsch ans Eingemachte und versucht, der Wirtschaft ein neues Gesicht zu geben: Die Kreativen sollen in Berlin den Ton angeben.

Grundsätzlich ist daran nichts auszusetzen, versuchen doch mittelgroße Städte in aller Welt, sich mit Hilfe von Kultur und Design als Hot Spots der aufstrebenden kreativen Elite zu etablieren. Allerdings gehört dazu ein wenig mehr als die Kreation von flotten Marketingsprüchen und das Protzen mit einer wahnsinnig aufregenden Szene.

Der Strukturwandel der Achtzigerjahre fand hier erst nach der Wende statt. Westberlin beherbergte keine modernen Wachstumsbranchen, sondern nur traditionelle Produktionsstätten, in der Sprache der Ökonomie „verlängerte Werkbank" genannt. Die Firmen, die man mit Subventionen in die Mauerstadt gelockt hatte, setzten sich nach der Streichung dieser Zuschüsse wieder ab.

Und entließen zumeist wenig qualifizierte Bandarbeiter in die Arbeitslosigkeit. Das ist nun nicht gerade der Typ Mitarbeiter, den moderne Dienstleistungsunternehmen suchen. Das Gleiche gilt für die Ostberliner Industriearbeiter, deren überalterte Fabriken abgewickelt wurden. Fakt ist also, dass die 18 bis 20 Prozent Arbeitslosen eine mehr oder weniger feste Größe sind. Mit geringem Einkommen, ohne Hoffnung auf Anstellung.

Diese tristen Tatsachen scheinen aber den Senat nicht zu stören. Man hat sich wohl damit arrangiert, dass ein Gutteil der Berliner von Transferleistungen des Staates lebt, und beschwört die „weichen Standortfaktoren", die Lebensqualität und kulturelle Attraktivität der Stadt. Firmen jedoch, die sich neu in einer Stadt ansiedeln, brauchen Kunden und qualifiziertes Personal.

Bobocity

Berlin aber investiert nicht in Wirtschaftskraft und Ausbildung, sondern lediglich ins Stadtmarketing. Nicht Investitionen sollen den Aufschwung bringen, sondern das Dabei-Sein: „Be Berlin!" lautet der Slogan. „Sei Stadt, mach mit!" – wobei, das bleibt im Dunkeln. Hauptsache, du bist kreativ. Berlin versucht sich als wahre Hauptstadt der „Bobos" zu etablieren. Das sind die neuen Yuppies, die „bourgeoise Bohème".

Eigentlich stammt der Bobo-Begriff aus der Marketingforschung. So wird eine Zielgruppe genannt, die stets zwischen teuren Modemarken und Subkultur, Zeichen der Exklusivität und Szenenzugehörigkeit pendelt. Oder einfacher ausgedrückt: Es handelt sich um jene Bevölkerungsgruppe, die irgendwas mit Medien oder Kunst macht, mit dem Pappbecher Latte macchiato in der Hand unterwegs ist und in der Hauptsache von ihrem Erbe lebt.

Die Berater des Regierenden haben die einschlägige Literatur – Richard Florida und David Brooks – gelesen, die Vorbilder Boston, Seattle, Zürich, Barcelona und Bilbao studiert und dem Bürgermeister geraten, sich ganz und gar auf die neue Elite zu konzentrieren. Kreativität ist im internationalen Städte-Branding zum wichtigsten Faktor geworden – sie soll das postmoderne Kapital der Wirtschaftsentwicklung sein.

Also geht Wowereit seiner Lieblingsbeschäftigung nach: Er zeigt sich auf so vielen Events, wie in seinen Kalender passen, lässt sich mit jedem verfügbaren Künstler fotografieren und erklärt immer wieder, wie viel Berlin für die Kulturschaffenden tut. Er verweist auf MTV, Universal und die anderen, die mit großzügigen Immobilien- und Steuergeschenken in die Stadt gelockt wurden, zuletzt – unter heftiger Anteilnahme der Feuilletons – auch der Suhrkamp Verlag. Müßig – so der Kommentar aus Frankfurt –, über Umstände und wahre Beweggründe für den Umzug zu spekulieren. Für das Abwerbeverhalten des Regierenden Bürgermeisters hat man dort nur Worte wie „unverschämt" und „perfide" übrig. Die Hessen sind davon überzeugt, dass Berlin mit „ihren" Steuergeldern ein Kulturschnäppchen in seine in geistiger, moralischer und finanzieller Hinsicht bankrotte Pleitenmetropole geholt hat. Was so falsch auch nicht ist, bekommt doch Berlin aus dem Länderfinanzausgleich justament die Summe, die Hessen als Überschuss abgibt: fast neun Milliarden Euro.

Der Standort Berlin wird nicht automatisch zur Erfolgsstory – trotz aller Bemühungen des Senats, trotz Ankündigungspolitik, Anschubfinanzierung und Steuererleichterung. Die Privatsender haben ihre Büros geschlossen. Sie haben festgestellt, dass man auch ohne

Hauptstadt-Präsenz Geld verdienen und mit Praktikanten alleine keine Produktionsfirmen aufrechterhalten kann.

Die „Popkomm", in Köln jahrelang der wichtigste Umschlagplatz der Musikindustrie in Deutschland, verschwand nach nur vier Jahren in Berlin einfach von der Bildfläche. Ob es an der anhaltenden Unfähigkeit der Konzerne liegt, auf die Internetpiraterie anders als mit lautstarkem Lamento zu reagieren, oder einfach an der Unmöglichkeit, in Berlin eine wirtschaftlich orientierte Messe zu veranstalten, wird noch immer diskutiert.

Generation Praktikum

Das Ende der Start-up-Welle zu Beginn der Nullerjahre war zugleich der Startschuss für die neuen Arbeitsverhältnisse, die ein Minimum an Sicherheit und ein Maximum an Freiheit beinhalten: Film- und Musikproduktionsfirmen, Werbeagenturen, Internet-Firmen und Eventveranstalter arbeiten mit einem ganz kleinen Stab an Angestellten, alle anderen sind freie Mitarbeiter.

Diese werden nur für die Dauer eines Projekts beschäftigt und nach Stunden bezahlt. Sozialleistungen werden keine fällig, weil sie diese selbst übernehmen müssen. Wer krank ist, bekommt kein Geld, bezahlten Urlaub gibt es ebenso wenig wie feste Arbeitszeiten oder Wochenenden. Das Reservoir an (frei-)willigen Arbeitskräften ist in

Berlin praktisch unerschöpflich, das Überangebot auf dem Markt verdirbt die Preise.

Wenn überhaupt gezahlt wird. Noch einträglicher ist folgendes Modell: Man gründet eine Firma, macht sich selbst zum Geschäftsführer, sucht sich einen Fachmann, der den Arbeitsablauf kontrolliert, und beschäftigt ein halbes Dutzend Praktikanten, die die Arbeit machen. Das Einzige, was man dafür braucht, ist ein wenig Startkapital und ein Minimum an Organisationstalent.

Gehälter muss man keine bezahlen, das in der Hauptstadt weit verbreitete Prekariat – Kreative ohne Aufträge, aber mit dem Willen, berühmt zu werden – freut sich nämlich, Erfahrungen zu machen, einmal hinter die Kulissen zu blicken, etwas zu lernen und arbeitet dafür auch gerne 60 Stunden die Woche für Kaffee und Leitungswasser. Und träumt von der Bilderbuchkarriere, die der zufälligen Entdeckung folgt.

Die Begriffe schwirren nur so durch den Raum, wenn von der kreativen Klasse in der Hauptstadt die Rede ist. Erst sprach man von der „Generation Praktikum" – das sind die, die einfach umsonst oder für ein Taschengeld arbeiten, zum Teil während ihrer Ausbildung. Solange die Eltern zahlen, kann man sich das ja leisten. Die anderen müssen kellnern oder Taxi fahren, aber selbst in diesen Branchen ist die Konkurrenz hart.

Die nächste Stufe ist der „urbane Penner", der zwar Geld verdient, aber so wenig, dass er sich nur mit großer Mühe über Wasser halten kann. Oft wohnt er in der vom vorzeitig ausgezahlten Erbe finanzierten Eigentumswohnung, sie hat sich entschlossen, erst einmal den Nachwuchs zu betreuen.

Digitale Bohème

Wer es geschafft hat, mit seinen diversen Tätigkeiten, die meist etwas mit Design, Kunst und Medien zu tun haben, so halbwegs über die Runden zu kommen, gehört zur „digitalen Bohème". Er schreibt mehrere Blogs, macht Interviews für verschiedene Verlage, die auf mindestens fünf Plattformen erscheinen, vielleicht auch in gedruckter Form. Er bearbeitet mindestens sieben Aufträge gleichzeitig und hat mehrere Projekte in der Pipeline. Freizeit kennt er keine, er ist 24 Stunden online und das sieben Tage die Woche.

Wer sich am Hackeschen Markt ins Starbucks setzt – oder gar ins vielzitierte St. Oberholz am Rosenthaler Platz –, wird auch nach längerer Beobachtung nicht in der Lage sein, die verschiedenen Gruppen der kreativen Szene zu unterscheiden. Ob das Bedienen eines iPhones anstelle eines Laptops schon den Aufstieg in die höhere Sphäre der Projektplanung bedeutet?

Vielleicht handelt es sich ja nur um die erste Kontaktaufnahme, und der smarte Vollbärtige mit dem Carhartt-Sweatshirt am Nebentisch präsentiert auf dem iBook Air gerade die druckfertigen PDF-Dateien, die der Kunde nur noch genehmigen muss. Die Luft vibriert vom Verarbeiten der Daten, die über das superschnelle WLAN-Netz empfangen, angesehen und versendet werden.

Der akustische Raum ist erfüllt von Gesprächsfetzen, die in der Luft hängen wie die Antworten auf nicht gestellte Fragen. Die wiederholten Orts- und Zeitangaben, die einem in Erinnerung rufen, wo man sich befindet und dass man eigentlich schon längst gehen wollte, machen einem bewusst, dass wohl noch nie so viel Zeit und Energie darauf verwandt wurde, einen Termin zu fixieren, wie heutzutage.

Es könnte natürlich sein, dass ein wenig Neid und Bewunderung mitschwingt, wenn sich ein altbackener Sachbuchautor über diese modernen Kommunikationsstrategien und das allzeit präsente Mobiltelefon mokiert. Aber es fällt jemandem, der noch mit Büchern und nicht vor Bildschirmen aufgewachsen ist, wirklich schwer, nicht in haltloses Gelächter auszubrechen, wenn eine Frau sich als „Guestlist Developer" vorstellt. Aber aufgepasst: Wer nicht den Anschluss verlieren will, sollte sich nach neuen Berufsfeldern umsehen. Wenn große Konzerne meinen, sie müssten mal ein wenig auf hip machen, kann man mit dem richtigen Projekt schnell einmal ein paar grüne Scheine verdienen. Aber man sollte zumindest „Senior Vice President Personal & Social Networking Applications" und nicht einfach nur „Editor Non-Fiction" sein.

Das Internet ist zum Mainstream geworden. Und seine Protagonisten – die global umherschweifenden Produzenten, urbanen Penner und die digitale Bohème – besuchen die „Transmediale", das alljährlich stattfindende Festival für die neuen Medien. Theoretiker und Künstler aus aller Welt versammeln sich für eine Woche in Berlin, um sich gegenseitig auf die Schulter zu klopfen. Der Senat vergibt die von Sponsoren gestifteten Preise.

Aber so lang die Liste der Workshops, Veranstaltungen und Projekte auch ist – ihnen fehlt die Basis. Alle anderen Städte, die auf die „Creative Class" setzen, haben auch „Creative Industries" zu bieten, sprich: eine Tradition von Erfindungsreichtum, Handwerkskunst, mittelständischen Unternehmen und Ausbildungsstätten. Oder sie haben zumindest die finanziellen Möglichkeiten, diese zu schaffen.

Kreativität soll der neue Garant für wirtschaftliches Wachstum in hoch entwickelten Gesellschaften sein. Innovationen in Form von Beratungsleistungen und Geschäftsideen sind das neue Produkt, so Richard Florida, Prophet des Wandels in der ökonomischen Strategie. „Informatiker, Mathematiker, Physiker, Architekten, Ingenieure, Beschäftigte in Bildung, Kunst, Design, Entertainment, Sport und den Medien" sollen es richten.

Schlagworte des Stadtmarketings

Sie sind die Idealbürger einer neutralen Stadt – so ortlos und gesichtslos wie ihre Produkte. Den Mitarbeitern eines großen Architekturbüros wurde die Schließung ihrer Niederlassung per SMS aus London mitgeteilt. Sie sind einfach gegangen, nachdem sie ihre persönlichen Daten von den Festplatten gezogen hatten. Die Schlagworte des Stadtmarketings spiegeln diese Ortlosigkeit: I Amsterdam, Be Berlin, OnLyon.

Die verunglückten Anglizismen und Austauschbarkeit der Kampagnen verdeutlichen, dass es sich um inszenierte Kulissen handelt, in denen sich die Städte bewegen. Es geht nur mehr um Werbung, um einen Vorteil im internationalen Wettbewerb. Im Kontext der Globalisierung ist die Kompatibilität von Menschen, Produkten, Daten und Umgebungen die wichtigste Anforderung, die absolute Austauschbarkeit die Norm.

Im vorauseilenden Anpassungsbemühen an die Erfordernisse des Marktes ist Berlin schon ganz groß. So hat man es geschafft, in den Medien und in der Bilanz von „Berlin Partner", der Agentur, die Unternehmen in die Hauptstadt holen soll, den Eindruck zu erwecken, als sei die Stadt der Hort der Kreativität schlechthin. Rund 800 Designer hätten sich in Berlin niedergelassen, verkündete 2009 stolz der Wirtschaftssenator.

Doch eine genauere Analyse zeigt: Die industrienahen Bereiche der „Creative Industries", vor allem im Bereich Forschung und Entwicklung, sind in Berlin deutlich schwächer vertreten als in anderen deutschen Städten wie München, Stuttgart oder Frankfurt. Ein Bereich wie der des Designs leidet darunter, dass die handwerkliche Tradition von Möbelfertigung und Schneiderei in Berlin historisch unterbrochen wurde.

Da nutzen die ganzen Modemessen nichts. Wenn die Produkte nicht verkauft werden, dienen diese Veranstaltungen nur als Werbeträger für die Sponsoren. Die freuen sich über die Publicity und hoffen, dass der Glanz der anwesenden Halb-Prominenz auf sie zurückfällt und den Umsatz ankurbelt. Die Modemacher bleiben auf ihren Entwürfen sitzen, kaum einer macht wirklich Umsatz — und wenn, dann nicht mit den Klamotten.

Michael Michalsky, großspuriger Tonangeber und herausragender Vorreiter der Berliner Szene, inszeniert zwar seine große Modenschau im Friedrichstadtpalast, doch sein Geld verdient er mit seiner Jeans-Linie, Entwürfen für den Taschenhersteller MCM und den chinesischen Sportartikelhersteller Dongxiang. Er macht Werbung für Waschmittel und einen Paketdienst. Und in eigener Sache als Juror in einer Casting-Show.

Im Vorfeld der Fashion Week 2010 gingen die schlechten Nachrichten reihum durch die Presse: Das nächste Modelabel war pleite. Trotz prominenter Kundinnen und der Beteiligung eines Investors ereilte das nächste hippe Designer-Paar das gleiche Schicksal wie schon so viele vorher. Der Investor behauptete, es sei am Markt vorbei entworfen worden, die Kreativen waren sich keiner Schuld bewusst.

Sie hatten so weitergearbeitet wie vorher. Und damit bestätigt, dass es sich wohl um ein allgemeines Berlin-Problem handelt: Viele fühlen sich als Underground-Stars, sie werden von der Szene hofiert und glauben, sie könnten davon leben, dass sie ein halbes Dutzend Kleider pro Jahr verkaufen. Es gibt viel kreatives Potenzial, aber aufgrund der geringen Lebenshaltungskosten gibt es keinen Druck zur Professionalisierung.

Außerdem ist Berlin immer noch die Heimat der Chucks und schluffig den Hintern hinabrutschenden Röhrenjeans. Das Habitat der „Generation Umhängetasche", die nichts mehr fürchtet als die Vorstellung, erwachsen zu werden und sich entsprechend kleiden zu müssen. Die Mode, wie sie von Berliner Designern auf den Messen gezeigt wird, scheint also in einer Art Paralleluniversum getragen zu werden.

Schwer erziehbare Modemacher

Macht nichts, die Lokalpresse jubelt, die Kreativen freuen sich. Berlin meint tatsächlich, der Mode wegen, in einem Atemzug mit Paris und Mailand, London oder New York genannt zu werden. Die Modejournalistin Suzy Menkes war auch schon da, man fühlt sich wie im siebten Himmel. Da vergisst man leicht, dass allein in Paris dreimal so viele Designer an dreimal so vielen Tagen ihre Entwürfe zeigen. Und dass es weltweit – zwischen Rio de Janeiro und Kopenhagen – über 150 Fashion Weeks gibt! Setzt sich der Regierende Bürgermeister persönlich für die Kreativen ein, sind diese nicht immer glücklich darüber.

Zwar ist Klaus Wowereit gerngesehener Promi-Gast auf der Fashion Week, aber mit seinem Engagement für die Streetwear-Modemesse in den Hangars von Tempelhof hat er viele in der Szene gegen sich aufgebracht. „Bread & Butter is back!", verkündete er mit stolzgeschwellter Brust, während der Ideenwettbewerb für die Nutzung des Flughafengeländes noch am Laufen war. Architekten und Stadtplaner fühlten sich genauso hinters Licht geführt wie Politiker, die die Vergabe der Hallen gerade noch absegnen durften, der Mietvertrag war längst unterzeichnet.

Die Messe braucht Europas größtes Gebäude nur zwei Monate im Jahr, aber wer möchte schon Räumlichkeiten mieten, die nicht durchgängig nutzbar sind? Man hat also Fakten geschaffen, die eine vernünftige Nutzung dieser gigantischen Hallen in den nächsten zehn Jahren verhindern. Und die Planung für die großflächige Gestaltung der Freifläche mitten in der Stadt kann das schon vorhandene Bauensemble nicht mit einbeziehen.

Immerhin freuen sich die Hoteliers über 100.000 zufriedene Jeans-Einkäufer, die zum Teil auch länger als die drei Messetage in der Stadt bleiben. Die Kreativen reisen ja nicht extra an, die leben schon hier. Und arbeiten vorwiegend in selbstständigen Ein- oder Zwei-Mann-Mikrobetrieben. Sie verfügen über ein eher geringes Einkommen und haben keine Möglichkeit, Mitarbeiter zu beschäftigen – nicht einmal für einfache Tätigkeiten.

Studien belegen, dass in den Kernbereichen der Kreativgewerbe – dazu gehören Werbung, Software-Design oder Architektur – die in Berlin gezahlten Honorare deutlich niedriger als in anderen deutschen Städten sind. Dazu kommt noch, dass der Anteil der Erwerbstätigen wie auch der Umsatz im Design-Bereich wesentlich geringer ist als in Städten wie München, Düsseldorf oder Hamburg.

Das Fazit: Die Kreativwirtschaft ist in Berlin nur ganz begrenzt in der Lage, selbst eine Nachfrage nach ihren eigenen Gütern auszulösen. Oder deutlicher gesagt: Das, was hier im kreativen Bereich hergestellt wird, könnte man – wirtschaftlich gesehen – als Hobby-Tätigkeit bezeichnen. Umso heftiger werden überall und andauernd die geplanten „Projekte" diskutiert. Die einzigen Kunden der Designer sind Touristen und Westberliner, die sich zufällig nach Mitte oder Prenzlauer Berg verirren. Viele Kreative haben schon die Konsequenz gezogen und verkaufen ihre Produkte gleich am Ku'damm oder im Ausland.

Wer wenig verdient, hat auch nicht viel zum Ausgeben. Berlin ist zwar ein guter Ort zum Leben und Arbeiten, weil man nicht viel Geld braucht, aber ein schlechter Ort für Geschäfte. Es mangelt an kaufkräftigen Kunden – für Kunst gleichermaßen wie für Design oder Mode.

Was den Berliner antreibt – Sucht- und Genussmittel

Drogenparadies Berlin

Drogen bekommt man in Berlin ziemlich leicht und (fast) überall. Sie gehören fest zur jeweiligen Szene – die Anwohner freut's weniger.

Gekifft wird in allen Altersgruppen und Gesellschaftsschichten. Und das schon seit Jahrzehnten. Mit der alternativen Kultur hielt auch das Haschisch Einzug in die Stadt. Es war hier schon immer einfach zu bekommen. Jeder hatte was dabei oder kannte jemanden, bei dem man was kaufen konnte. Es war fast unmöglich, nicht damit in Kontakt zu kommen, wenn man in den Achtzigerjahren in Berlin unterwegs war.

Mit Kokain halten sich die 24/7-Kreativkünstler wach, die immer im Einsatz sind und ihre Projekte Tag und Nacht verkaufen müssen. Egal ob Art Director, Kreativchef oder Freelancer, wer es sich leisten kann, zieht gerne mal eine Line, um wach zu bleiben und das Gehirn wieder in Gang zu bringen. Auch für einen Quickie zwischendurch kann man sich damit in Fahrt bringen.

Und wer nächtelang durchfeiern möchte, versorgt sich zumeist mit Ecstasy. Die bunten Pillen, nicht so aggressiv wie LSD, sondern eher mit den klassischen Amphetaminen zu vergleichen, enthalten je nach Qualität, Verunreinigung oder Streckung verschiedene Substanzen, die aufputschen und euphorisieren, Appetit wie auch Müdigkeit beseitigen und je nach Dosierung vier Stunden bis zwei Tage lang wirken.

Wir Kinder vom Bahnhof Zoo

Ältere Zeitgenossen werden sich noch an das Schreckgespenst aller Familienpolitiker erinnern: „Wir Kinder vom Bahnhof Zoo" war der Titel einer Reportage im Magazin *stern*, in der die heroinabhängige Christiane F. den Teufelskreis aus Drogenkonsum, Kriminalisierung und Prostitution ungeschminkt schilderte. Der gleichnamige Film zeigte Fixer, die auf öffentlichen Klos in ihrer Kotze krepieren, und 13-jährige Mädchen, die erwachsene Männer im Auto befriedigen, um das Geld für ihren nächsten Schuss zu verdienen.

Fast fünf Millionen Deutsche sahen den von Bernd Eichinger produzierten Film im Kino, erstmals wurde außerhalb des Umfelds der direkt Betroffenen bewusst wahrgenommen, dass es so etwas wie eine Drogenszene gab. Reportage, Buch und Film wurden zum Auslöser für viele Berichte und Untersuchungen zur Unwirtlichkeit der Vorstädte, Verwahrlosung von Jugendlichen und der Unfähigkeit der Politiker, eine Antwort auf diese Herausforderungen zu finden.

Zeitlich fiel das Aufgreifen der Thematik zusammen mit dem Aufkommen des Punk in der Popmusik, dem gezielten Protest gegen Fortschrittsglauben und Wohlstandsversprechen. In Berlin sammelten sich ohnehin die Verweigerer, kaputt sein wurde chic. Die Jugendlichen fanden das alles sehr aufregend, die Eltern wussten nicht, wie sie ihre Kinder vor diesen neuen Einflüssen schützen sollten.

Christiane F., das Vorbild für die Hauptfigur des Films, die aus ihrem Junkie-Dasein in die Schlagzeilen befördert wurde, pendelte über Jahrzehnte zwischen Star-Allüren, Entziehungskliniken und Drogenkarriere. Die Szene blühte derweilen und verzweigte sich Ast um Ast, sie trieb erstaunliche Blüten und eroberte sich immer neue Vertriebswege. Seit der Wende hat sie sich entlang der U-Bahn-Linien über das ganze Stadtgebiet ausgebreitet.

Der Kampf um Kreuzberg

Ein Brennpunkt ist das Kottbusser Tor in Kreuzberg. Hier, im Zentrum des Sponti-Bezirks, der früher von der Mauer eingeschlossen war und seit einigen Jahren einen enormen Aufschwung verzeichnet, liefern sich linke Szene und alternative wie auch türkische Unternehmer einen Kampf um die Vormachtstellung. Die Junkies sind am „Kotti" vermehrt zu sehen, seit das – schon lange unbenutzte – Parkhaus im „Neuen Zentrum Kreuzberg" (NZK), das ihnen lange Zeit als Versteck und Nachtlager diente, versiegelt wurde.

Verschärfend kommt hinzu, dass den Betreibern eines Druckraums zur kontrollierten Abgabe von Drogen in der Nähe gekündigt wurde. Jetzt nutzen die Junkies Hinterhäuser und unbenutzte Hauseingänge oder setzen sich im Treppenhaus einen Schuss. Einige Zugänge ins NZK stinken erbärmlich, weil die Abhängigen hier ihre Notdurft verrichten, Taschentücher liegen herum, Treppenstufen und Wände sind mit Blut verschmiert. Kein Wunder also, dass die Leute Angst um ihre Kinder haben.

Die Drogenszene gibt es hier schon seit 30 Jahren, aber seit die Rückzugsräume fehlen, wird das Elend offensichtlich. Die Polizei ist im Einsatz, aber kaum sind die Beamten weg, sind die Fixer wieder da. Kaum ein Tag vergeht ohne Razzia. Manchmal wird ein Dealer verhaftet, doch meist sprechen die Einsatzkräfte nur Platzverweise aus, die für einen Tag gültig sind.

Gewerbetreibende, Deutsche, Türken, Kurden haben eine Initiative gegründet und eine Demonstration organisiert, doch der (grüne) Bezirksbürgermeister sieht keine

Möglichkeit, das Problem zu lösen. Ein neuer Druckraum müsste her, dann könnte man den Drogenkonsum in den Griff bekommen. Sein Parteikollege Cem Özdemir gehört der Eigentümergemeinschaft der einstigen Hausbesetzer an, die auch angesprochen wurde, ob in ihrem Haus Platz dafür wäre. Man verneinte und verwies auf den Spielplatz hinter dem Hof.

Es geht wieder einmal darum, wem die Stadt gehört, im speziellen Fall der Bezirk. Die Bewohner und Ladenbesitzer haben genug vom „toleranten Geschwätz". Sie leben seit Jahrzehnten mit der Drogenszene und haben das Gefühl, das sich alles nur verschlimmert und ihre Sorgen niemand ernst nimmt. Die Autonomen sehen die Fixer als Bollwerk gegen die Spekulanten. Sie wollen ihr alternatives SO36 so erhalten, wie sie es kennen und lieben – als Rückzugsgebiet, in dem die Platz haben, die sich das Leben in den teuren Stadtvierteln nicht leisten können.

Ihre Horrorvorstellung ist eine Entwicklung à la Prenzlauer Berg, die schicken Läden sind die ersten Anzeichen dafür und werden deshalb auch bekämpft. Die Heroinabhängigen seien durch die Gentrifizierung der anderen Bezirke hier am Kotti zusammengedrängt worden. Sie fordern Fixerstuben in allen Stadtteilen. Ihr neuestes Feindbild ist ein Neubauprojekt mit Carport. Diese Typen, die mit dem Auto per Fahrstuhl direkt auf den Balkon ihrer Wohnung fahren können, haben ihrer Meinung nach in SO36 nichts verloren.

Die Sozialarbeiter, die den Druckraum betrieben und dafür gesorgt haben, dass die Fixer einmal am Tag duschen konnten und frische Kleidung erhielten, würden sich freuen, wenn die Anwohner-Initiative mit ihnen sprechen würde, damit man zu einer einvernehmlichen Lösung kommen könnte. Die ganze Aufregung hat dazu geführt, dass die Hausbesitzer ihnen keine Räumlichkeiten mehr vermieten wollen. „Junkies sind halt wie Atomkraftwerke – keiner will sie vor der Haustür haben", sagt einer der Abhängigen. „Aber wenn es keine Ausweichmöglichkeiten gibt, konsumieren die Leute auf der Straße, und das ist ja genau das, was die Anwohner nicht wollen."

Wir Kiffer vom Weinbergspark

Es gibt 8000 bis 10.000 Heroinabhängige in Berlin, der Preis für die Droge ist in den letzten zehn Jahren um 45 Prozent gefallen. Die Hauptstadt verzeichnet so viele Drogentote wie Frankfurt, Hamburg und München zusammen. Die Drogen werden nicht versteckt. Nicht unbedingt die Substanzen, aber die Konsumenten sind überall zu sehen, in den Clubs sowieso.

Haschisch wird in aller Öffentlichkeit konsumiert – es ist in Berlin so normal wie Zigaretten zu rauchen und Bier zu trinken. Viele mischen ihren Tabak mit Gras und bleiben so den ganzen Tag auf einem entspannten Level. Was der

Wirkstoff THC im Körper bewirkt, dazu fehlen bislang die Langzeitstudien, aber wer sich mit den verpeilten Dauerkonsumenten unterhält, wird feststellen, dass es nicht gesund sein kann.

Sogar wer mit seinem kleinen Kind an der Hand durch den Weinbergspark in Mitte läuft, wird angesprochen: „Sch, sch, willst du kaufen?" Ergreifen besorgte Eltern, die beobachtet haben, dass die Dealer in der Brache gegenüber vom Gymnasium ihren Stoff verstecken, die Initiative und plädieren für schärfere Kontrollen in Schulen und Parks, heißt es, die Polizei habe zu wenig Einsatzkräfte.

Außerdem habe das gar keinen Sinn, die Dealer würden dann eben woanders hingehen. Da, wo sie jetzt seien, habe man sie unter Kontrolle. Auch die meist jugendlichen Besucher des Parks, die von verschiedenen Medien zu dem Problem befragt wurden, zuckten mit den Schultern. Dass Eltern ihre Kinder schützen wollen, können die Leute, die alles easy sehen und sich auch gern mal zudröhnen, offensichtlich nicht verstehen.

Warum die Razzien keine Erfolge zeitigen, darüber rätselt nur die Polizei. Die Konsumenten in den Clubs werden rechtzeitig gewarnt, die Dealer nicht wirklich verfolgt, und je länger man sich mit dem Thema beschäftigt, desto mehr gewinnt man den Eindruck, dass nicht nur die Party People, sondern auch die Politiker der Meinung sind, zu einer ordentlichen Szene gehörten auch die entsprechenden Drogen.

Fröhliche Zechgelage in der S-Bahn

Kein Wunder also, dass die Behörden wegen angeblicher Überlastung das Rauchverbot in den Lokalen der Hauptstadt nicht kontrollieren. Der Trick mit dem Club ist sowieso das Einfachste der Welt, und spätestens, wenn es auf Mitternacht zugeht, ziehen alle Anwesenden – vor und hinter der Theke – ihre Zigarettenschachteln aus den Taschen. Dann können die Nichtraucher nach Hause gehen – oder ins Freie, je nach Jahreszeit.

Von der Gefährlichkeit des Alkohols, des Treibstoffs der Berliner Nächte, die für viele erst zu Ende gehen, wenn die Sonne wieder scheint, spricht gar keiner. Die Öffnung der Supermärkte bis 24 Uhr sorgt dafür, dass die Jugendlichen sich mit Bier und billigen Spirituosen eindecken können und bereits gut abgefüllt in den Clubs und Diskotheken einlaufen.

Wer nachts mit der S-Bahn fährt, sollte sich darauf einstellen, Zeuge eines fröhlichen Zechgelages zu werden, bei dem nicht nur geraucht und getrunken wird. Bier- und Weinreste aus halbgeleerten Flaschen verkleben die Schuhsohlen, und wer aus dem Theater oder der Oper kommt und deshalb nicht gerade in Turnschuhen und Jeans unterwegs ist, sollte auf seine Kleidung achten. Kommentare zur Szenerie, die sich dem Fahrgast darbietet, sollte er tunlichst vermeiden, es sind schon einige „vorlaute Schnösel" verprügelt worden.

Die Folgen der nächtlichen Besäufnisse sind für die Eltern in Mitte und Prenzlauer Berg ein ständiges Ärgernis. Wenn sie ihre Kleinen in den Kindergarten oder die Schule bringen, sind sie bemüht, nicht in die Scherben zu steigen. Auf den Spielplätzen freuen sie sich besonders über die Hinterlassenschaften der Jugendlichen, die ihre Party auf den Kletterburgen und Rutschen veranstaltet haben.

Verpflegung – Hauptsache schnell und günstig

Bier, Buletten, Currywurst und Döner. Das sind die Dinge, die das Herz des Berliners erfreuen. Ein Wein, der sein Bukett entfaltet? Ein Menü, das mehr als drei Gänge hat? Uninteressant. Kulturlos, sagen Sie? Menschenskinder, wir sind in Berlin.

Wer sich freiwillig in den „Backshop" um die Ecke begibt, kann Folgendes erleben: Der Nachbar, eben erst aus dem süddeutschen Raum zugezogen, bemüht sich, seine Herkunft verleugnend, um eine der Umgebung angepasste Bestellung und verlangt zwei Brötchen. „Brötchen hamwa nich', nur Schripp'n." Am nächsten Morgen: „Zwo Schripp'n, bitte!" Die eine Backhilfskraft zur anderen: „Siehste, det hamwa ihm beijebracht."

Wenn man schon keine essbaren Produkte verkauft, muss man wenigstens schlagfertig sein. Denn was die Brotverkaufsstellen, die fast alle Handwerksbetriebe ersetzt haben, im Angebot haben, kann man auch eigenhändig im Backofen herstellen – es ist nur eine Frage der Hitze. Das Ergebnis ist das Gleiche: bröselnde Brötchen, labbrige Baguettes.

Richtige Bäckereien gibt es in Berlin so gut wie keine mehr. Wer eine kennt, gibt die Adresse nur unter dem Siegel der Verschwiegenheit weiter. Wer nicht durch die halbe Stadt fahren will, geht in den Bioladen, zahlt den dreifachen Preis und lobt den Körnergehalt. Der Berliner heißt hier Pfannekuchen, der Pfannkuchen Eierkuchen, das Butterbrot Stulle und ohne Butter nennt man es „Stulle mit Brot". Gelegentlich sagt man auch „Stulle" zu einem Freund.

Eigentlich existiert die hektische Großstadt nur in der Fantasie einiger Bewohner. Doch in den gastronomischen Vorlieben findet sie ihren täglichen Ausdruck. Am besten isst man mit dem Handy, in der anderen Hand eine Currywurst, das geht schnell und vertreibt den unmittelbaren Hunger. Später holt man noch einen Kuchen aus dem Backshop. Der ist nur süß, aber mit Käffchen …

Die Bewohner der innerstädtischen Szenebezirke versuchen regulierend einzugreifen und die Grundversorgung mit „Spätzle und Knödel" sicherzustellen. Es gibt sogar Kaffeehäuser mit üppigen, selbst gemachten Kuchen, die man am Sonntag mit den Enkel- und Neffenbesuchern aus der Heimat frequentiert. Während der Woche trinkt die kreative Elite ihre Latte macchiato im Gehen. Der Kaffeeschlürf-Deckelbecher ist neben iPhone und Rollkoffer das wichtigste Accessoire der Neu-Berliner.

Zwischentöne überflüssig

Der Berliner hat keinen Sinn für kulinarische Genüsse. Feinsinnige Betrachtungen über Nahrungs- oder Genussmittel langweilen ihn, und die Erzeugung von Spannung bei der Befriedigung seiner Bedürfnisse hält er für überflüssige Zeitverschwendung. Es fehlt ihm einfach an dem Sensorium für die Modulation von Zwischentönen: hungrig – satt, nüchtern – betrunken, geil – befriedigt sind die Aggregatzustände, um die es geht.

Wenn er Durst hat, trinkt er – Wasser, Limo. Egal, Hauptsache der Körper kriegt, was er braucht. Wenn er sich entspannen und betrunken werden will, greift er zum Alkohol. Wenn es Bier gibt, umso besser: Bier ist die ideale Verbindung von Durstlöscher und Betrunkenmacher. Ein paar Flaschen hinter die Binde gekippt, und schon sieht die Welt viel freundlicher aus – plus: Durst hat man auch keinen mehr.

Beim Essen ist es nicht anders: Wie ein hungriges kleines Kind frisst und stopft der Berliner in sich hinein, was ihm vorgesetzt wird. Ohne lange zu überlegen, schiebt er sich zwischen die Kiemen, was der Zufall so bietet. „Lieba een bisken mehr, aba dafür wat Jutet" lautet der Werbeslogan der „Dicken Wirtin". Oder – wie es ein Malocher formuliert, der sich auf seinen Feierabend freut: „Frauchen macht schon mal Buletten."

Die Vorlieben der Einheimischen lassen sich mit drei Adjektiven kurz und prägnant beschreiben: „viel, billig, schnell zu haben". Übersetzt ins Kulinarische bedeutet das: Bulette, Currywurst oder Döner? Das Hackfleisch, die undefinierbare Wurst mit Soße und das Hammelfleisch auf die Hand sind nicht nur die beliebtesten Gerichte, sondern auch die Einzigen, deren Herkunft mit der Hauptstadt in Verbindung gebracht wird.

Fälschlicherweise, was die Bulette betrifft, die man in Österreich als Faschiertes Laibchen, in Bayern als Fleischpflanzerl kennt und im Rest des Landes einfach als Frikadelle, oft mit leckeren – je nach Region scharfen oder eher lieblichen – Saucen verfeinert. In Berlin gibt es dazu Senf, Ketchup oder Mayo zum Stippen. Oder eine Sättigungsbeilage, die man hierzulande Kartoffelsalat nennt: eine undefinierbare Masse, bestehend aus verkochten Kartoffeln und sauren Gurken, die in Mayonnaise schwimmen.

Die Currywurst-Erfinderin

Das Wichtigste aber ist das Fleisch, und das liebt der Berliner durchgedreht: Neben der allgegenwärtigen Bulette, die auch bei Empfängen der Länderbotschaften in der

Hauptstadt oder Vernissagen in der Neuen Nationalgalerie als lokale Delikatesse serviert wird, labt man sich gern an Bock- und Currywurst. Es ist also nur folgerichtig, dass man beim Stichwort „Berliner Küche" sofort an die zahllosen Imbissbuden denkt.

Die Bockwurst hat durch den Berliner Pathologen Virchow sogar medizinhistorischen Ruhm erlangt – als „Bolustod" oder „Bockwurstbudentod". Die Todesursache ist ein Herzstillstand aufgrund einer Nervenreizung – und nicht Ersticken. Der Auslöser für die Reaktion ist ein verschluckter Gegenstand, der die Nerven im Hals reizt. Oder eben ein zu großes oder zu schnell geschlucktes Stück Wurst.

Gegenmaßnahmen: Kinder auf den Kopf stellen, Erwachsenen auf die Schulter klopfen. Vorbeugend: Ordentlich kauen, nicht beim Essen reden. Wie es unsere Eltern schon immer gesagt haben. Weil an Berliner S-Bahnhöfen angesichts des einfahrenden Zuges des Öfteren eine schnell hinuntergeschlungene Wurst zu besagtem Phänomen führte, ging man dazu über, die Würste in Stücke zu schneiden, bevor man sie servierte.

Die Currywurst, eine gebratene Brühwurst mit einer Tunke aus Tomatenmark, Currypulver und Worcestersauce, wurde angeblich 1949 von Herta Heuwer erfunden, die eine Wurstbude in der Kantstraße betrieb und aus Langeweile mit verschiedenen Saucen experimentierte. Der Schriftsteller Uwe Timm hingegen behauptet steif und fest, schon 1947 in Hamburg eine Currywurst gegessen zu haben, und führt deren Entstehung auf eine zufällige Vermengung der Saucen bei einem Sturz zurück.

Wie dem auch sei, Frau Heuwer hat sich die Sauce 1959 patentieren lassen, und deshalb kann sich Berlin auch mit Fug und Recht dieser kulinarischen Großtat rühmen. Damit keiner unbelehrt an diesem historischen Ort vorbeigeht, hat man 2003 eine Gedenktafel angebracht – im Beisein der Schauspielerin Brigitte Grothum, einer der „Drei Damen vom Grill". Diese von 1977 bis 1991 in 140 Portionen aufgekochte Vorabendserie hat der Currywurst zur Unsterblichkeit verholfen.

Sogar in Australien weiß man jetzt, dass es sich um eine Berliner Spezialität handelt, die hier an jeder Ecke den Heißhunger stillt. Genauer gesagt: die vielen gesättigten Fettsäuren, die Unmengen von Zucker im Ketchup, also der gleiche abrupte Sättigungseffekt, der auch bei Schokolade auftritt, fett und süß, hier übertüncht von Salz und Curry. Wem der Genuss der Wurst und die olfaktorische Erfahrung nicht reichen, der kann sich jetzt umfassend über das Phänomen informieren:

Pünktlich zum 60. Jahrestag wurde Deutschlands erstes Currywurst Museum in der Nähe des Checkpoint Charlie eröffnet. Auf den Spuren roter Soßenkleckse können Besucher der Geschichte der Wursthäppchen nachspüren. In einem Berliner Stadtplan stecken Gäbelchen, die jede ernstzunehmende Currystation der Stadt markieren, Hörspiele kommen aus Ketchup-Flaschen und eine eigene Stube ist dem Leben von Herta Heuwer gewidmet. Die hat übrigens nie Ketchup verwendet, sondern nur Tomatenmark.

Die Döner-Legende

Dass der Döner in Berlin erfunden wurde, gehört leider auch ins Reich der Legenden. Immerhin trägt der durchschnittliche Konsum von einem Kilo Döner Kebab pro Jahr und Nase mehr zur Völkerverständigung in Deutschland bei als jeder Appell der Migrationsbeauftragten und jede Unterrichtsstunde in Sachen Gemeinschaftslehre. Und für die Hauptstadt hat man sogar einen Mittelwert von 2,5 Kilo pro Einwohner errechnet.

Ende der Siebzigerjahre servierte ein innovationsfreudiger Imbiss-Besitzer das heruntergesäbelte Fleisch zum ersten Mal im Fladenbrot statt auf dem Teller. Allerdings nicht in Berlin, sondern in Istanbul. Der 16-jährige Mehmet Aygün – so erzählt es die Gastronomiegeschichte – brachte die neue Servier-Art mit nach Kreuzberg, in das Lokal seines Onkels am Kottbusser Damm.

Und von hier aus trat der Döner seinen Siegeszug durch die deutschen Lande an. Allein in Berlin soll es an die 1300 Döner-Buden geben, die jährlich 100 Millionen Portionen fettes Fleisch vom Spieß im labbrigen Brot verkaufen. Hauptsache billig – und „mit alles". Dazu und danach braucht man viel Bier, erstens zum Hinunterspülen, zweitens wegen des Mundgeruchs, drittens, weil man von der Knoblauchsauce ungeheuren Durst bekommt.

Wie gut, dass man sich gleich um die Ecke mit Sixpacks versorgen kann, wenn man noch jemanden ansprechen möchte. Die Öffnungszeiten der Supermärkte kommen den ausgehfreudigen Studenten und Freiberuflern extrem entgegen, ist es doch seit einiger Zeit möglich, sich in den einschlägigen Vierteln bis Mitternacht mit alkoholischen Getränken einzudecken und dann auf die Piste zu gehen.

Die Besitzer der Imbissbuden und die Kneipenwirte finden das nicht so toll. Sie machen weniger Geschäft, dürfen aber dafür die Glasscherben wegkehren, die auf den Gehwegen herumliegen, weil die Pfandflaschen zu später Stunde gern von den angetrunkenen Gästen zertrümmert werden. Die Konsequenz aus dem Versorgungsüberangebot ist, dass nur Familienbetriebe und „Clubs" überleben.

Erfolg ist keine Kunst

Die rührende Geschichte von Sarah Wiener, die in der Kreuzberger Kneipe „Exil" – umgeben von Schauspielern, Künstlern und Regisseuren – von ihrer Stiefmutter das Kochen gelernt und so ihre ersten Aufträge von Filmproduktionen bekommen hat, gehört zum Gründungsmythos ihres kometenhaften Aufstiegs von der Sozialhilfeempfängerin zum Fernsehpromi.

Ohne die väterlichen Verbindungen wäre der omnipräsenten Quasselstrippe, deren eigene Kochkünste die Kritiker für nicht gerade aufregend halten, nicht so große Aufmerksamkeit zuteilgeworden. So gelang es ihr, innerhalb kürzester Zeit ein Catering-Unternehmen und durch die Übernahme mehrerer Museumsrestaurants ein kleines Firmen-Imperium aufzubauen. Als Dauergast bei „Kerner kocht" und mit den Kochserien auf arte hat sie es geschafft, zur festen Größe nicht nur im Fernsehprogramm, sondern auch in der Klatschpresse zu werden.

Papa Oswald Wiener ist ein Mythos. Er beschäftigte sich mit Kunst, Literatur und Informatik und zog, nachdem er in der kulinarischen Wüste der Siebzigerjahre zwei Stützpunkte der Wiener Beisl-Kultur errichtet hatte, nach Alaska, um sich in Ruhe seiner wissenschaftlichen Tätigkeit zu widmen. Das „Exil" fehlt in keiner Szenegeschichte. Es ist die Mutter aller Künstler- und Szenekneipen, noch heute wird es in jeder Reportage über die Lokalszene erwähnt.

Schon die Wieners eröffneten ein zweites Restaurant in Charlottenburg, ihr Partner Michel Würthle übernahm die Paris Bar, und etliche Kellner machten ihr eigenes Lokal auf. Auch das Café Einstein, das nach seiner kurzfristigen Filial-Ausdehnung über die ganze Stadt wieder ein wenig zurückgesteckt hat, ist personell mit ihnen verbunden.

In den boomenden Tourismusecken der neuen Hauptstadt-Mitte sind Künstlerkneipen wieder total angesagt – die Mieten sind günstig, die Süddeutschen vermissen ihren Schweinebraten, und mit Kunst lässt sich in Berlin sowieso kein Geld verdienen. Folglich betreibt ein Musikjournalist einen Schokoladen und eine Kulturwissenschaftlerin eine Kochbuchhandlung.

Künstler, Architekten und Designer satteln um auf Gastronomen und eröffnen Cafés, Restaurants und Lebensmittelläden, am besten ganz undefinierbar künstlerisch und alles in einem. So hält man sich alle Möglichkeiten offen. „Kreative Quereinsteiger" betreiben einen Luxemburger Feinkostladen, man kommt ja von dort und weiß zumindest über ein paar Spezialitäten Bescheid.

Vergleiche mit New York werden angestellt – die dortige *Times* hat auch schon ein „New Culinary Movement" entdeckt und auf das Fehlen einer kulinarischen Tradition verwiesen. Sprich: Man kann machen, was man will, weil die Vergleichsmöglichkeiten fehlen. Und der Anspruch an ein vernünftig zubereitetes und serviertes Essen auch. In der Hauptstadt der Imbissbuden ist alles vorzüglich, was sich über den fetttriefenden Rand des Papptellers erhebt.

Die Einnahmen sind eher nicht berauschend. Nur die Touristen, die immer wieder „how lovely, how cheap" intonieren, geben Geld aus, die Neu-Berliner halten sich stundenlang an einer Latte fest. Aber man kann im Kreis der Freunde trinken und diskutieren – ganz wie in den alten Zeiten, als der Senat noch mit dem Slogan „Berlin

– durchgehend geöffnet" warb. Jetzt soll man einfach nur mehr Berlin sein – also zum Club gehören.

Members only – der Club

Clubs sind das Genialste seit der Abschaffung der Sperrstunde. Nicht, dass sie neu wären, aber seit Einführung des Rauchverbots ist ihre Verbreitung gewaltig gestiegen: Mit dem Eintritt wird die Mitgliedschaft erworben – und die Berechtigung zu rauchen. Da sie keine öffentlichen Orte sind, gelten hier nicht die gesetzlichen Regelungen zum Nichtraucherschutz. Was sie für die nikotinsüchtigen Nachtschwärmer besonders attraktiv macht.

Ein weiterer Vorteil: Man braucht keine Konzession für den Betrieb einer Gaststätte, muss keine Gewerbesteuer zahlen und braucht sich auch sonst nicht um die gesetzlichen Vorschriften zu kümmern. Es handelt sich also um die legalisierte Fortsetzung der illegalen Clubs der Nach-Wende-Zeit. Die Betreiber sind ihre eigenen Gäste, und das Finanzamt schaut in die Röhre.

Es gibt eine Reihe von Kneipen, die genau so angefangen haben: Junge Köche haben zusammen mit ein paar Freundinnen, die den Service übernahmen, ein Restaurant eröffnet. Angeboten wird ein täglich wechselndes Menü mit mehreren Gängen, das mit dem Schnitt der gutbürgerlichen Konkurrenz in der Umgebung konkurrieren kann.

Das Ambiente ist Berlin- und szenetypisch: Sofas, Stühle und Tische aller Stilrichtungen, meistens vom Sperrmüll. Wer gerade im Anzug oder Abendkleid aus dem Theater kommt oder sich fürs Essen feingemacht hat, möchte sich hier nicht unbedingt niederlassen. Zum Trinken gibt es Wein und Wasser, bezahlt wird nach Gusto und Zufriedenheit.

Zuerst bekommt man für das „Eintrittsgeld" von zwei Euro ein Weinglas, mit dem man sich bei den auf der Theke stehenden Flaschen bedienen kann. Wasser aus der Leitung gibt es nach Belieben und gratis. Menü und Weine haben keine festen Preise, der Gast bestimmt selbst, wie viel ihm Essen, Trinken und Service wert sind.

Seit ganze Horden von spanischen Rucksacktouristen in die Bars eingefallen sind und sich nach stundenlangen Besäufnissen mit einem Schulterzucken und ein paar Euro verabschiedet haben, achten die Betreiber darauf, dass ein gewisser Mindestbetrag in das dafür vorgesehene Glas geworfen wird. Und sprechen auch Lokalverbote aus, wenn sie sich von den Gästen hintergangen oder nicht ernst genommen fühlen.

Das wiederum ärgert Nachbarn und Freunde. Wenn plötzlich nicht mehr das eigene Urteil zählt und der Zufriedenheitsfaktor in der Entlohnung keine herausragende Rolle spielt, sondern für die doch sehr übersichtlichen Portionen im alternativen Ambiente Preise wie im Sterne-Restaurant bezahlt werden sollen, hört der Spaß auf.

In den einschlägigen Internetforen mehren sich die Negativ-Kritiken.

Die Enttäuschten können sich einer neuen Attraktion zuwenden: den „Private Dinners". Die Teilnehmer verabreden sich im Internet und treffen sich in Privatwohnungen. Fast so, wie wenn man von Freunden zum Abendessen eingeladen ist. Bei manchen dieser halblegalen „Supper Clubs" bringt man die Getränke selbst mit, bei anderen zahlt man für ein Fünf-Gänge-Menü, begleitet von Weinen, um die 60 Euro.

Zwischen Bierritze und Fischers Fritze

Für den echten Berliner sind das Dekadenzerscheinungen, er trauert dem Untergang der guten alten Eckkneipe nach, die dort, wo die Mieten steigen und die Parkplätze rar werden, mehr und mehr von Thai-Snacks und Bio-Mittagstischen verdrängt wird. In der altvertrauten Umgebung gab es Bier, Buletten oder Bockwurst mit Salat zu billigen Preisen. Und eine Dröhnung Bier- und Zigarettendunst in den Kleidern, abgeschmeckt mit dem Aroma des Fritteusenfetts.

Im Zeitalter des Rauchverbots sind die letzten Bestände dieser ehrwürdigen Einrichtung bedroht. Der Berliner, der seinen Kiez niemals verlässt, möchte in der „Bierritze" oder im „Pilsner Stüb'l" in Ruhe trinken und mit seinen Kumpels der Hertha live beim Verlieren zusehen. Immer häufiger wird das Schild „Fußballkneipe" ergänzt vom Hinweis „Raucherkneipe – Zutritt erst ab 18 Jahren".

Ein Tipp am Rande: Bestellen Sie niemals ein „Berliner Pilsner", außer Sie möchten sich mit den Einheimischen solidarisieren. Der Berliner wird sich freuen, es gibt nicht viele, die das heimische Pils schätzen. Der Biertest ist eine wichtige Komponente im Anpassungsprozess: Wer es schafft, das wässrige, bittere Gesöff zu trinken, ohne eine Miene zu verziehen, hat den Test bestanden. Schmatzt er genießerisch, nachdem er die Flasche abgesetzt hat, wird er sofort in den Club der Hauptstädter aufgenommen, egal ob er in der Stadt wohnt oder jott weh deh.

Das heißt so viel wie „janz weit draußen" und bezeichnet das Umland, wohin sich niemand freiwillig zum Essen begibt, denn gastronomisch handelt es sich um absolutes Notstandsgebiet. Während man in Berlin sehr billig und halbwegs gut essen kann, ist es außerhalb der Stadtgrenzen teuer und schlecht. Nicht einmal den Spargel, für den die Gegend um Beelitz berühmt ist und den man auch ohne Bedenken im Supermarkt kaufen kann, sollte man dort essen, wo er wächst, weil er hier mit einer dicken, gelben Soße ungenießbar gemacht wird.

Für wirkliche Gourmets ist aber auch die Stadt eine einzige Wüste – mit nur wenigen Oasen, die schwer zu finden sind: „Dass Berlin mit luxuriösen Adressen schon immer Schwierigkeiten hatte, liegt an der preußischen Anspruchslosigkeit und wird in der Finanzkrise besonders deutlich", schreibt Wolfram Siebeck in der *ZEIT* – und der hat ja so Recht, wie wir alle wissen.

Er mokiert sich über das schlecht ausgeleuchtete „Borchardt" – immerhin *der* Promi-Treffpunkt. Und lobt die Lage des „Grill Royal" an der Spree, wo man immerhin die Zigarette ins Wasser schnippen kann, wenn man fertig geraucht hat. Die Wandmalerei in der „Gendarmerie" möchte er beim Essen nicht sehen und die „konfektionierte Küche" findet er passend für die Klientel aus Neurasthenikern in den Lokalen der „Lutter-&-Wegner"-Kette.

Als durchschnittlich verdienender Familienvater ist man ganz froh, wenn man nach dem Spaziergang um den Schlachtensee ein Restaurant vorfindet, in dem man einen Kuchen bekommt, der einem nicht zwischen den Zähnen zerfällt, und einen Kaffee, der auf der zweiten Silbe betont wird. Oder eben ein Wiener Schnitzel für 17 Euro. Ist es allerdings nicht ordentlich gewürzt und wird lieblos serviert, verzichten wir – so wie Herr Siebeck – auch gerne darauf.

In sein Lieblingslokal – „Fischers Fritz" im Regent Hotel – verirrt man sich nicht einfach so. Aber immerhin: Auch hier gibt es ein erschwingliches Mittagsmenü, Berlin ist eben wirklich sexy. Obwohl man auch arm wird, wenn man täglich dort isst, aber schon der Abwechslung wegen sollte man zumindest auch mal schräg gegenüber ins VAU gehen – oder eben in eines der anderen In-Lokale in der Nähe des Gendarmenmarkts.

Take it or leave it!

Wer nicht so viel Zeit und Geld zum Essen in gediegener Atmosphäre hat, findet sich am anderen Ende der Skala wieder – womöglich gar in einer Schmuddelkneipe. Das Bezirksamt Pankow hat für Aufsehen gesorgt, weil es eine „Ekelliste" der von der Lebensmittelkontrolle beanstandeten Lokale im Internet veröffentlichte. Gleichzeitig wurden Smileys an diejenigen Gaststätten vergeben, in denen alles in Ordnung war.

Die Idee stammt aus Dänemark, dort wird diese Art der Empfehlung oder Warnung seit Jahren praktiziert. Im Bezirk Pankow wurden innerhalb eines Jahres etwa 8000 Lebensmittelbetriebe kontrolliert, in mehr als der Hälfte gab es Beanstandungen – von verschmutzten Toiletten, Fußböden und Arbeitsflächen bis zu unsachgemäß gelagerten oder sogar verdorbenen Zutaten. Bei Konsumenten und Senat kam die Initiative so gut an, dass das Bewertungssystem der Hygienestandards auf das gesamte Stadtgebiet ausgedehnt wurde.

Sollte jemand auf die Idee kommen, die Servicequalität der Berliner Gaststätten zu bewerten, müsste er ganz neue Kategorien einführen. Natürlich wird man in den Sterne-Restaurants so zuvorkommend behandelt, wie der Preis, den man zahlt, es gebietet. Doch schon in Lokalen, die man als gutbürgerlich bezeichnen könnte, fällt auf, dass man es eher selten mit gelernten Kellnern zu tun hat. Meist wird man von angelernten Aushilfskräften bedient, die nicht wissen, was sie (zu) tun (haben).

Weil sie eigentlich Schauspieler, Regisseure oder zumindest Drehbuchschreiber sind und nur in ihrer knapp bemessenen Freizeit die Gäste bedienen, behandeln sie diese auch wie entfernte Verwandte, die man zum Familientreffen eingeladen hat, aber lieber nicht hier sehen würde. Sie geben einem das Gefühl, fehl am Platz zu sein und – sollte man sich nicht korrekt und äußerst ruhig verhalten – gleich hinausgeworfen zu werden.

Wer dachte, die Zeiten der gelangweilt hinter dem Tresen stehenden Bedienungen seien vorbei, kennt Berlin nicht. Egal ob Restaurant oder Pizzeria, Stehlokal oder Bar: Der Gast muss warten. Eine lange Schlange macht die Location erst interessant. Die Geschichten über den Türsteher des „Berghain" mögen Menschen in aller Welt begeistern und den nachhaltigen Ruhm des Clubs mehren, aber wer über das Alter des Ecstasy-Nutzers, der sich ohnehin das ganze Wochenende über verausgabt, hinaus ist, will nicht stundenlang anstehen, um mal tanzen zu gehen.

Doch selbst wer nur etwas trinken möchte, wird feststellen, dass er – zumal in den Szenebezirken – überall so behandelt wird, als sei es eine Ehre, die man ihm zuteilwerden lässt, wenn er etwas serviert bekommt, und nicht eine ganz normale Dienstleistung, für die man auch bezahlt.

Casting Alley

Der Höhepunkt ist natürlich die Kastanienallee, in allen Reiseführern als Szenetipp gelistet. Hier kann man in Reinkultur erleben, was das neue, schicke Berlin ausmacht: Dilettantismus, gepaart mit Überheblichkeit, gekrönt vom Schaum der Illusion, dass es genügt, einfach so zu tun, als wäre man Barmann, Kellnerin oder Koch. Alles, was man in München oder Stuttgart über das Mitte-Berlin munkelt, hier hat es seine vollkommene Ausprägung erfahren: eine Straße als Symbol des neuen Snobismus.

Wer im „Glücklich am Park" ein Eis auf die Hand möchte, muss sich in eine Schlange einreihen, die einen italienischen Gelati-Verkäufer dazu animieren würde, sein Café auf die dreifache Fläche zu vergrößern und fünf Mitarbeiter einzustellen. Nicht so in Berlin: Mit stoischem Gleichmut bereiten zwei Menschen, die sich nur dadurch von den Gästen unterscheiden, dass sie hinter dem Tresen stehen, Waffeln zu und fragen bedächtig nach den Wünschen der Anstehenden.

Das dauert pro Eistüte gefühlte zehn Minuten, pro Waffel ungefähr doppelt so lang. Die Mütter bestellen für Freundin und Kind mit, während sie mit dem eigenen Nachwuchs diskutieren, wie viele Kugeln diese bekommen und ob mit oder ohne Streusel. Seelenruhig reinigt die Frau das Waffeleisen, während der Mann versucht, den Preis für vier Tüten Eis im Kopf auszurechnen. Eine elektronische, ja schon eine mechanische Kasse wäre zweckdienlich. Doch das würde Planung erfordern, ja, man müsste erst einmal die Idee akzeptieren, dass es sich um ein Dienstleistungsunternehmen handeln könnte und nicht nur um ein Hobby, das vielleicht sogar Gewinn abwirft, wer weiß?

Dass die Straße „Casting Alley" genannt wird, liegt an den vielen schönen Menschen, die sich hier auf den Bürgersteig setzen, wenn die Sonne rauskommt. Dass es noch eine weitere Bedeutung hat, erfährt, wer sich für einen Job in der Café-Bar 103, *dem* In-Café, interessiert: Die Kellnerinnen werden einmal im Jahr bei einem Casting aus etwa 200 Bewerberinnen gewählt. „Face Value" nennt das der englisch sprechende Tourist, der Werber sagt dazu Alleinstellungsmerkmal. Der Laden brummt jedenfalls.

Sehen und gesehen werden ist wohl auch der Grund, dass in der warmen Jahreszeit sämtliche Plätze einer Pizzeria an der Schönhauser Allee besetzt sind, obwohl es weder Tischtücher noch Stühle gibt. Rutsche und Schaukel sind bei der kinderreichen Klientel beliebt. Alle anderen nehmen Tische und Bänke, die kaum jemals einen Putzlappen erblicken, in Kauf, um sich in die Sonne zu fläzen und dem bunten Treiben zuzusehen.

Vollends absurd erscheint dem Besucher der Andrang, wenn er versucht, etwas zu bestellen. Nach etwa einer halben Stunde Wartezeit wird der Getränkewunsch entgegengenommen. Wer Glück hat, kann bald darauf seinen Durst löschen, muss aber noch einmal bis zu einer Stunde auf das Essen warten, das nichts von dem einlöst, was die Karte verspricht – aber man ist schon froh, dass man überhaupt etwas bekommt.

Die Zutaten für den Salat werden auf den Tisch geknallt, der kreative Mitte-Bewohner kann seine Tomaten ja wohl selber schneiden. Die Kellner sind viele an der Zahl und modisch auf der Höhe der Zeit, aber nicht in der Lage oder willens, die Gäste zu bedienen – offensichtlich gibt es niemanden, der ihnen Anweisungen gibt. Was zu der auf der Speisekarte ausgewiesenen politischen Orientierung passt: dem Anarchismus.

Hosen runter und drauf

Wer ein Intimleben möchte, ist in Berlin am falschen Platz. Hier wird alles ausgebreitet, ob es einen interessiert oder nicht. Man redet nicht lange um den heißen Brei herum, sondern kommt gleich zur Sache. Sperrbezirke gibt es nicht, Sex ist überall käuflich und billig zu haben.

Vorhänge kennt man in Berliner Wohnungen kaum, und lieber macht man beim Duschen das Fenster auf, damit es nicht so dampft, als dass man darauf achtet, ob einen jemand beobachten könnte. So wundern sich Zuwanderer über die offenherzige Nachbarin, die sich splitternackt ans Bügelbrett stellt, um ihre Höschen zu bügeln, bevor sie sich auf den Weg ins Büro macht.

An den Badeseen ist „Oben ohne" Pflicht, und die meisten ziehen auch das knappe Unterteil aus, damit sie rundum braun werden. Wer sich geniert, ist selber schuld und sollte lieber ins Schwimmbad gehen, wo Jugendliche und Türkinnen aus unterschiedlichen Gründen den Anstand wahren.

Eine gewisse anarchische Einstellung bestimmt auch die sexuellen Verhaltensweisen der Berliner. Sie haben die freie Wahl: Das Angebot an käuflichem Sex, an heimlichen oder öffentlichen Treffpunkten zum Kennenlernen spontaner oder sporadischer Sexualpartner ist enorm, und die Tatsache, dass Berlin in aller Welt als die „Hauptstadt der Schwulen" gilt, scheint auch Sexualpraktiken und -frequenz der Heteros enorm zu beeinflussen.

Weil die meisten nicht so gestresst sind wie die Frankfurter oder Münchner, die ihre teuren Mieten mit harter Arbeit verdienen müssen, stundenlang im Stau stehen und dann gar keine Zeit oder Lust mehr haben, sich mit ihren Partnern zu beschäftigen oder gar nochmal auszugehen und sich nach Neuem umzusehen, haben sie mehr vom Leben – behaupten zumindest die Münchner Journalisten.

Sicher ist: Die Berliner Männer und Frauen sind weniger verklemmt als die katholischen Süddeutschen, die restriktiv erzogenen Hanseaten oder die rundum kontrollierten Wessis aus der Provinz. In Ostberlin war das Nacktbaden fast schon Vorschrift, am FKK-Strand waren Betriebsleiter und Fließbandarbeiter gleich, wenn sie sich ohne Kleider am Leib begegneten.

Und die sexuell befreiten 68er im Westen warfen sowieso alle Hüllen von sich. Man kann also sagen, dass ein Gutteil der Einwohner keine Scham kennt. Bei jeder sich bietenden Gelegenheit wird ausgiebig über die sexuellen Vorlieben der Anwesenden wie der Abwesenden diskutiert. Man ist immer scharf auf die Details und erstaunlich tolerant für die Neigungen der anderen.

Wer sich bei solchen Gesprächen dezent zurückhält, wird gleich als verklemmt eingestuft. Vergleiche über Dauer und Techniken sind an der Tagesordnung und sollten einen nicht verunsichern. Am besten, man erzählt so beiläufig wie möglich von den eigenen erstaunlichen Erfahrungen, ohne wirklich konkret zu werden, dann wird man akzeptiert.

Wenn es zu prickelnden Situationen kommt, geht es bei den meisten sehr schnell. Verführungstechniken sind praktisch unbekannt, die Berliner praktizieren selbst am liebsten die Variante „Hosen runter und drauf!" und bringen ihre Freude (oder Enttäuschung) lautstark zum Ausdruck. Wer bei Sex eher an geheimnisvolle, glühende Ekstase denkt, sollte sich eher an die Franzosen halten, die sich am Prenzlauer Berg in großer Zahl angesiedelt haben.

Die Einheimischen verschwenden keine Zeit mit langen Gesprächen oder zärtlichen Liebesbekundungen. Wenn es gefunkt hat, kommt man schnell zur Sache: „Zu dir oder zu mir? Oder hast du ein Auto?" Wer weiß, wie lange die Leidenschaft anhält, man sollte sich ranhalten, sonst ist der Alkoholpegel gesunken und man steht in einem fremden Wohnzimmer und überlegt, was man noch mal wollte.

Kommt es zur intimen Annäherung, hat der Berliner ein simples Motto: den ganzen Körper einmal durchkneten und dann Rin-Raus, möglichst oft und möglichst lang, ist seine Devise. Die Frauenwelt scheint sich damit arrangiert zu haben und genau das zu verlangen. So fühlte sich manch einer eher an ein schweißtreibendes Work-out im Fitnessstudio erinnert. Und manche Gespielin kam sich vor wie auf dem Operationstisch, wenn sie Stück für Stück bearbeitet wurde.

Nach dem Motto „Was gefällt, ist auch erlaubt" laufen hier viele Beziehungen ab. Man ist eben tolerant und kann ja über alles sprechen. Wirklich gefährlich wird es nur, wenn man die Stadt verlässt. Dann kann es schon mal passieren, dass ein Berliner von seinem Liebhaber aufgegessen wird – aber der hatte sich unvorsichtigerweise in die hessische Provinz begeben.

Schwule Leitbilder

Berlin hat nicht nur einen Bürgermeister, der die Wahl mit seinem Bekenntnis „Ich bin schwul, und das ist auch gut so!" gewonnen hat, es gibt hier ganze Stadtviertel mit schwulen und lesbischen Hochburgen, vor allem in Schöneberg, aber auch in Kreuzberg, Charlottenburg und Friedrichshain. Wer will, kann im schwulen Bioladen

Gurken kaufen und in der schwulen Buchhandlung Krimis mit Detektiven aus der Szene. Nicht nur Cafés und Bars, auch Pommes-Buden sind mit der Regenbogenfahne geschmückt.

Im Schwulen Museum kann man sich darüber informieren, wie freizügig und weltweit einmalig das Berlin der Zwanzigerjahre war. Ein *Führer durch das lasterhafte Berlin* (1931) beschreibt die Schöneberger Szene mit ihren Schwulen-, Lesben- und Transvestiten-Bars. Schieber, Stricher, Dandys und Halbwelt tummelten sich rund um den Nollendorfplatz, das Kokain hielt die Akteure wach, Bankiers delektierten sich an der Kopulation auf offener Bühne.

Alles so wie heute, könnte man sagen, spätrömische Dekadenz sozusagen. Aber im Ernst: Das weltweit bekannte „Berghain" – von der *Süddeutschen Zeitung* schon mal schwülstig als „Kathedrale des radikalen, schwulen Hedonismus" geadelt – ist das offensichtlichste und am häufigsten zitierte Beispiel für die sexuelle Aufgeladenheit des Berliner Nachtlebens, das seinen eigenen Mythos durch das Fotografierverbot immens befördert.

Es gibt aber auch Clubs für Heteros, in denen öffentlich gevögelt werden darf. Alte Hasen schleppen ihren Besuch aus der Provinz gerne in so eine Freakshow, damit die mal so richtig erleben können, was es heißt, in einer Großstadt zu leben. Wer nostalgisch veranlagt ist, geht in die „Horse Meat Disco", wo Achtzigerjahre-Hits die älteren Semester in Ekstase versetzen. Die Erinnerung an jugendliche Exzesse lässt die Hitze im und um den Körper steigen und damit das Verlangen, sich den fleischlichen Genüssen hinzugeben.

Wie es euch gefällt

Wer sich überraschen lassen will, kann zum „Dating in the Dark" gehen. Das ist eine Variante des Speed-Dating mit verbundenen Augen. Wer den anderen riechen kann und übereinstimmende Interessen feststellt, kann ihm oder ihr auch sehenden Auges gegenübertreten. Für alle, die auf der Suche nach der Liebe sind – hartgesottene Nachtschwärmer würden sagen: für die Anhänger des Blümchensex –, gibt es alle zwei Wochen „Fisch sucht Fahrrad", Berlins älteste und erfolgreichste Lonely-Hearts-Party mit mehr als tausend Gästen.

Man kann sich kaum etwas vorstellen, was es in Berlin nicht gibt: Vom romantischen Buffet mit klassischer Musik am See bis zum Schwulentreff „Ficken 3000", vom Escort-Service für Geschäftsleute bis zum Sado-Maso-Darkroom, vom Hochzeitstisch mit Wunschliste für schwule Pärchen bis zum Flatrate-Puff steht alles zur freien Auswahl, was das Herz begehrt oder den Trieb befriedigt.

Die Hauptstadt kennt keine Sperrbezirke, nur auf der Grundlage der Bauordnung ist es der Stadtverwaltung erlaubt einzuschreiten, etwa, wenn jemand mitten in einer Wohnsiedlung ein Bordell betreibt. Solange er keine Neonreklame anbringt, wegen der sich die Anrainer gestört fühlen, wird niemand einschreiten – wo kein Kläger, da kein Richter. Und die Berliner sind überaus tolerant, solange man sie auch in Frieden lässt.

Die 6000 bis 8000 Prostituierten verteilen sich mehr oder weniger über das ganze Stadtgebiet – so wie die etwa 900 Bordelle, leichte Konzentrationen sind überall dort festzustellen, wo das Nachtleben vibriert. Am Stuttgarter Platz gibt es einige einschlägige Bars, in denen Kundschaft und Angestellte – ebenso wie die Einrichtung – noch aus den Achtzigerjahren zu stammen scheinen.

Der Straßenstrich an der Kurfürstenstraße ist weit über Berlin hinaus bekannt – nicht erst, seitdem sich einige Fahrer der Berliner Straßenreinigung (BSR) im Dienst von den Damen haben bedienen lassen. Bis zu 250 Frauen gehen hier täglich anschaffen, die meisten stammen aus Osteuropa und erfüllen jeden Wunsch für wenig Geld: fünf Euro kostet die einfache Befriedigung mit der Hand, 25 der Quickie im Auto. Für manche reicht auch die Parkbank um die Ecke. Den Berliner stört es nicht, wenn jemand zusieht.

Wer mehr Geld zur Verfügung hat und zur Luststeigerung ein gediegeneres Umfeld braucht, geht in das Bordell- und Laufhaus „Artemis". Das weithin leuchtende Logo kann kein Autofahrer übersehen, der am Funkturm die Avus verlässt. Bei der Eröffnung sorgte das Haus mit Saunaclub, Wellness-Oase, Sex-Kino, Solarium und Restaurant noch für Furore, anscheinend gibt es auch genügend Publikum für höhere Ansprüche.

Ansonsten hört man eher von den Sonderangeboten, die es allerorts gibt: In Spandau bietet ein Bordell in der Nähe des Arbeitsamts einen besonderen Tarif für Hartz-IV-Empfänger an (ab 14,95 Euro), die Männer sind begeistert: „Besser als in der Warteschlange stehen", sagt einer. „Kann ich mir doch hier die Zeit vertreiben."

Die neueste Attraktion des Sexlebens sind die Flat-Rate-Puffs: Etablissements, in denen man nach Bezahlung eines Eintrittsgeldes alle Entertainment-Angebote und Getränke frei wählen kann – all inclusive, ganz wie beim Urlaub in der DomRep. Je nach Tarif können auch die Dienste der anwesenden weiblichen Angestellten beliebig oft in Anspruch genommen werden – dann kostet aber der Champagner extra.

Was den Berliner umgibt — Kultur

Stillstand trotz Hyperventilation

Es ist wahnsinnig viel los in Berlin, eine Premiere jagt die nächste. Kein Wochenende ohne Galerien-Spaziergang, von Vernissage zu Finissage und ab in den nahe gelegenen Club. Es vergeht kein Abend ohne Lesungen, ein Dutzend Konzerte, Comedy-Acts, drei Ballettaufführungen und Tanz. Und trotzdem hat man den Eindruck, dass alle nur auf der Stelle treten.

Wer Museumsinsel und Kulturforum, Neue Nationalgalerie und Jüdisches Museum schon abgehakt hat, dem bietet sich noch immer eine Vielzahl von größeren und kleineren Sammlungen, Galerien und öffentlichen Einrichtungen, von den außereuropäischen Kunstschätzen in Dahlem über den Martin-Gropius-Bau bis zum Bunker von Christian Boros in Mitte oder dem Museum Berggruen mit den Schätzen der klassischen Moderne.

Hinzu kommen die Häuser für Fotografie, die Ausstellungen der Auslandsvertretungen und der unabhängigen Kunstvereine, ganz zu schweigen von den Orten, an denen spezifische Themen für ein breites Publikum aufbereitet werden – angefangen vom Schwulen Museum über das Technik-, DDR-, Ramones- oder Knoblauch-Museum bis zum Bauhaus-Archiv, den Bezirksmuseen oder der Kinderkunstgalerie.

Das Gleiche gilt für alle anderen Sparten der Kultur. Die Stadt ist ein riesiger Jahrmarkt der Stile, Moden, Kulturen und Sprachen der Menschen, die sich hier in den letzten 50 Jahren angesiedelt haben – ermöglicht und am Laufen gehalten von der Eitelkeit der Beteiligten und durch die Subventionen des Bundes. Eine gigantische Plattform, auf der täglich Hunderte von Veranstaltungen stattfinden, deren Quantität von Publikum und Kritik gar nicht erfasst werden kann und deren Qualität selten zur Debatte steht.

Sieht man sich die Kunst- und Kulturszene genauer an, wird man schnell feststellen, dass es unglaublich viel vom Gleichen gibt. Der eine DJ hört sich genauso an wie der andere, man tut so, als würde man sich in Understatement üben, und produziert doch nur Langeweile. Keinesfalls wird hier jeden Tag aufs Neue die Innovation geprobt, der neueste Schrei präsentiert oder die Bühne vom kreativsten Ensemble erobert.

Man veranstaltet Reihen und stellt Konzepte vor, die Herangehensweise ist so unkonventionell, dass man unterwegs leider schon vergessen hat, was man eigentlich sagen wollte, und die Intendanten wechseln so oft wie die Jahreszeiten. Doch was bei dem ganzen Geflatter an Substanz übrig bleibt, ist eher dürftig.

Neue Stoffe oder Interpretationen kommen meist von außerhalb, wenn man sie in Berlin überhaupt zu sehen bekommt. Die hier lebende Autorin Dea Loher, die ein Stück nach dem anderen über hochaktuelle Themen schreibt, wird in der Stadt selbst erst gespielt, seit ihr Lieblingsregisseur am Deutschen Theater beschäftigt ist.

Ein Großteil dessen, was abseits der etablierten Einrichtungen produziert wird, ist einfach dilettantisch, die meisten Lesungen finden im Kreis des immer gleichen Publikums oder der Freunde des Autors statt, die Galerien sind dazu übergegangen, bei Vernissagen Geld für die Getränke zu nehmen, um der Schnorrer Herr zu werden.

Und obwohl alle jungen, kreativen Menschen unbedingt und sofort herziehen wollen und sich auch schon eine große Anzahl von ihnen hier eingefunden hat, hat dies keine Auswirkung auf den Kulturbetrieb. Die Stadt scheint auf die Intendanten und Regisseure eher wie ein Schlafmittel zu wirken.

Am Geld allein kann es nicht liegen, werden doch alle Häuser nach wie vor kräftig unterstützt. Das Land Berlin hat zwar seine Budgets eingefroren, doch Sponsoren, Bund und Freundeskreise bringen die zusätzlichen Mittel auf, damit man Monat für Monat die Premiere eines gut abgehangenen Klassikers präsentieren kann.

Claus Peymann betont bei jeder Gelegenheit, wie gut ausgelastet sein Berliner Ensemble ist. Er bekommt zusätzlich Geld von der Lotto-Stiftung für seine Brecht-Inszenierungen. Das hat ihn aber nicht daran gehindert, zum Verwalter seiner eigenen glorreichen Vergangenheit zu werden und mit seinem antiquierten Stil vor allem das konservative Bürgertum aus dem Südwesten zu bedienen. Seit er vom Wiener Burgtheater in die Hauptstadt gewechselt ist, stellt er seinen Furor nur noch in Zeitungsinterviews zur Schau und fällt durch politische Kommentare auf. Zum Theatertreffen, der Oscar-Verleihung der Branche, wurde er schon lange nicht mehr eingeladen.

Es hat sich eine gewisse Lethargie breitgemacht. Frank Castorf hat seine Volksbühne als Treffpunkt der Kapitalismuskritik etabliert, scheint aber nach dem Weggang seines Chefdramaturgen Matthias Lilienthal ausgebrannt. Die Stadt sei „nicht mehr heiß und kalt, sie ist cool. Früher war die Volksbühne eine einsame Insel, heute ist hier alles voll mit Labels und Galerien und schicken Restaurants", beklagt er.

Die Revolution frisst ihre Väter, und die waren damals auch schon älter als die coolen Neu-Berliner, die „kreative Elite", die das Image der Stadt heute prägt. Sie ist nur noch punktuell zu erreichen, es zählt der kurze Moment des zufälligen Interesses an einer Inszenierung oder einem Ensemble. Diesem Publikumsinteresse wird das HAU mit seinen Gastspielen eher gerecht als die anderen Theater mit ihren festen Ensembles und Abonnements.

Der Elan von Thomas Ostermeier schien unaufhaltsam, als er von der Baracke des Deutschen Theaters in die Leitung der Schaubühne wechselte und mit seiner Inszenierung der „Nora" weltweite Erfolge feierte. Mittlerweile aber scheint ihn seine Tätigkeit für das Festival in Avignon mehr zu interessieren als die heimische Bühne.

Und was sich davor, also im Zuschauerraum, abspielt, davon sollte man lieber schweigen. Wer in Berlin eine Premiere besuchen möchte, wird feststellen, dass es beinahe unmöglich ist, Karten zu bekommen. Und das liegt auch an der großen Nachfrage, doch an der nach Freikarten. Es ist ein unergründliches Geheimnis, wer von wem aus welchem Grund mit kostenlosen Billets versorgt wird.

Meist zählen die so Bevorzugten auch noch zu den Kulturkonsumenten, die sich durch den Einsatz ihrer Ellenbogen bemerkbar machen: An der Garderobe drängelt man sich vor, die Schwingtür wird auf Nachkommende losgelassen, und den Saal betritt man möglichst in letzter Minute, obwohl man einen Platz in der Mitte hat. Und während der Zuspätkommende, dessen Klamotten nach der beliebten Kneipen-Mischung aus Pommes-frites-Fett und kaltem Rauch stinken, sich an allen bereits Sitzenden vorbeizwängt, sieht er ihnen nicht ins Gesicht, sondern wendet ihnen den Hintern zu.

Auch die Tatsache, dass eine nicht unbeträchtliche Anzahl von Journalisten ihren Presseausweis dazu benutzt, sich ihren Gratis-Katalog bei der Vernissage abzuholen, obwohl sie nie und nimmer darüber berichten werden, ist eine Berliner Spezialität. Und dass sie sich am Buffet bedienen, ohne auch nur einen Blick auf die ausgestellten Arbeiten zu werfen, war mit ein Grund, warum die Freundesgesellschaften der großen Museen beschlossen haben, einen exklusiven Eröffnungsabend vorab zu veranstalten.

Kulturhauptstadt oder Provinzposse?

Die deutsche Hauptstadt hat vier Opernhäuser, unzählige Theater und freie Bühnen, ein Filmfestival, mehrere Avantgarde-Reihen und ungezählte Orte, an denen Musik zu hören ist. Aber ist sie deswegen auch eine Kulturhauptstadt? Sieht man sich die Menschen an, welche die großen Budgets verwalten, denkt man eher an eine Provinzposse.

Was hier Tag für Tag präsentiert wird, ist immens. Doch obwohl alle auf die Hauptstadt schauen, wird sie nicht als das Zentrum des Kulturschaffens gesehen. Schließlich gilt es, die Kulturhoheit der Länder zu verteidigen. Also ist die Hauptstadtkultur nicht der Gipfel des Erreichbaren, sondern ein Sehnsuchtsort für die Kunst, eine zerklüftete Landschaft mit vielen Höhlen, Plateaus und Senken, in denen sich randständige Arbeiten aus allen Bereichen des kreativen Schaffens eingenistet und ausgebreitet haben.

Die Stadt bietet für jeden eine Plattform, egal welcher Kunstform er sich bedient. Und unabhängig vom Niveau der Darbietung finden sich ein entsprechender Ort und ein – freundschaftlich verbundenes, oft kleines – Publikum. Egal, ob es sich um eine Lesung des griechischen Originals Kostas aus der „Lindenstraße" handelt, den die reiferen Frauen am Savignyplatz anschmachten, oder um den Auftritt eines Kabarettisten, den wirklich nur seine Freunde lustig finden – die dann auch die einzigen Gäste sind.

Seit die Regierung hier ihren Sitz hat, werden neben dem Jüdischen Museum vor allem drei Einrichtungen direkt vom Bund gefördert: Die Berliner Festspiele, die Filmfestspiele (Berlinale) und das Haus der Kulturen der Welt. Warum gerade die? Das fragen sich alle, die in der Hauptstadt in und für Kultureinrichtungen arbeiten, vor allem die Direktoren, die vor jeder neuen Saison mühsam ihre Fördermittel zusammenkratzen müssen.

Ihnen fehlt eben die Lobby, die den „Kulturveranstaltungen des Bundes in Berlin" (KBB) das Budget garantiert. Vielleicht sollten sie aber auch froh sein, dass sie ihr Programm unabhängig von Wünschen des Kulturstaatsministers nach ein wenig Repräsentation in der so disparaten Hauptstadt gestalten können.

Die Berliner Festspiele waren jahrzehntelang fest verbunden mit dem politischen Filz, Ulrich Eckhardt, der von 1973 bis 2001 ihr Intendant war, wurde der „heimliche Kultursenator" genannt. Der Festspielbetrieb vibrierte, solange in der Stadt politischer Stillstand herrschte. Es gelang ihnen zu Mauerzeiten, zumindest in den Sommermonaten einen Abglanz der weiten Welt in die Enge der Westberliner Muffigkeit zu bringen.

Ballett- und Opernaufführungen weltberühmter Ensembles, Theaterinszenierungen von Bergmann, Brook, Chéreau, Kantor, Mnouchkine und Wilson, Auftragsarbeiten für Komponisten und aufsehenerregende Ausstellungen stehen auf ihrer Haben-Liste. Ihre größte Popularität erlangten sie, als sie den Auftrag für die Konzeption und Durchführung der Feierlichkeiten zur 750-Jahr-Feier der Stadt erhielten (1987).

Als Eckhardt sich im Jahr 2000 mit der Ausstellung „7 Hügel", die 15 Millionen Euro kostete, selbst ein Denkmal setzte, war ihre Vormachtstellung schon lange erschüttert. Die frische Luft, die seit der Öffnung der Mauer den Muff des alten Westberlins vertrieben hatte und die CDU vom Podest der Macht fegte, machte auch vor den ehemals privilegierten Kulturmanagern nicht Halt.

Gleichzeitig mit dem Wechsel an der Spitze übernahm die Bundesregierung unter der Regie von Kulturstaatsminister Michael Naumann die volle finanzielle Verantwortung für die Festspiele. Als Dreingabe kaufte man die Freie Volksbühne, die zum festen „Haus der Berliner Festspiele" wurde. Als neuen Intendanten erwählte Naumann seinen alten Freund Joachim Sartorius, bis dahin Generalsekretär des Goethe-Instituts und in den Achtzigerjahren Leiter des Künstler-Austauschdienstes DAAD in Berlin.

Eckhardt hatte sich eine große, europäische Persönlichkeit als Nachfolger gewünscht und bezeichnete Sartorius als „Westberliner Gewächs, dem noch die alten Eierschalen hinter den Ohren kleben". Er hatte für Gerard Mortier plädiert, der den Salzburger Festspielen zu einem grandiosen Aufschwung verholfen hatte – in künstlerischer wie wirtschaftlicher Hinsicht.

Sartorius erweist sich als braver Diener seines Herrn. Er spart, wo er kann, und bemüht sich redlich um Repräsentation: Die großen Orchester der Welt machen Station in der Hauptstadt, man zeigt Koproduktionen mit den international erfolgreichen Kompanien der Bühnenwelt, und 2009 landete man einen Coup in Sachen Eventkultur: „Die Riesen in Berlin" war ein künstlerisch gelungener und – weil bei freiem Eintritt aufgeführter – von den Einwohnern heftig bejubelter Beitrag zum 20-jährigen Jubiläum des Mauerfalls.

Das Jahr 2001 markiert auch den großen Umbruch bei der Berlinale. Die „Internationalen Filmfestspiele Berlin" zogen an den Potsdamer Platz. Nach Jahrzehnten der Debatten, Eklats und des stetigen Wachstums positionierte sich das größte Publikumsfestival der Welt im neuen Zentrum der Hauptstadt. Am Marlene-Dietrich-Platz wird alljährlich im Februar der rote Teppich ausgerollt, wenn die Goldenen Bären vergeben werden.

Und der neue Leiter, Dieter Kosslick, ist selbst ein Bär, der für seine Geldgeber tanzt. Er ist kein wortreicher Diskussionsleiter, kein Filmtheoretiker, sondern ein ech-

ter Entertainer, der auch den Kasper für Stars und Stern-
chen macht. Er verkündet jährlich steigende Kartenver-
käufe und immer neue Programmschienen. Bald wird das
Ergebnis nur noch mit einer Ausdehnung des Festivals
auf alle Kinos der Stadt und den gesamten Februar zu
toppen sein.

Die Qualität der gezeigten Filme ist eher zweitrangig,
man setzt auf eine ausgewogene Mischung aus Holly-
wood- und einheimischen Produktionen, durchmischt
mit asiatischem und Autoren-Kino. Ein besonderer
Schwerpunkt ist dem schwulen Film gewidmet, für den
es analog zu den Bären den „Teddy Award" für verschiedene Kategorien gibt.

Die Politik ist zufrieden, das Publikum auch. Das Festival bringt einen Hauch von Glamour in die kalte, graue
Stadt, und die deutsche Filmwirtschaft fühlt sich beachtet. Tatsächlich ist seit dem Amtsantritt von Kosslick ein
Aufschwung sowohl im heimischen Filmschaffen wie
auch bei den internationalen Koproduktionen festzustellen. Was will man also mehr?

Es bleibt ein provinzieller Beigeschmack, wenn man
das Gehampel des Festivalleiters vor der Kamera beobachtet – nach dem Motto: Ich bin zwar Deutscher, aber
ich kann trotzdem lustig sein. Es wirkt nicht echt, obwohl
er es genauso meint, wie man ihn sieht. Vielleicht liegt es
auch daran, dass die bedeutenden Regisseure ihre neues-
ten Arbeiten lieber in Cannes vorstellen. Vermutlich ist
der Grund aber viel banaler: An der Riviera sind Filmein-

käufer, Stars und Produzenten in weitaus größerer Zahl anzutreffen.

Der Dritte im Bunde ist das in der Kongresshalle beheimatete „Haus der Kulturen der Welt". Es hat sich von einem ambitionierten, vom Impetus des Verständnisses fremder Völker und ihrer Kultur getragenen, das ganze Jahr über bespielten Ort zu einer Filiale des Goethe-Instituts entwickelt, das zwischenzeitlich nur noch zwei Schwerpunkte pro Jahr präsentiert und ansonsten die Räumlichkeiten vermietet hat.

Das Haus ist das Gegenstück zum Goethe-Institut: Soll dieses deutsche Kultur in die Welt hinaustragen, so dass andere die Kulturen der Welt nach Berlin bringen. Der Ausschnitt dessen, was hier ankommt, ist im Lauf der Jahre immer kleiner geworden. Das liegt zum einen daran, dass vieles, was noch vor 20 Jahren exotisch und unbekannt war, heute wie selbstverständlich in Fernseh-Dokumentationen gezeigt wird oder ganz einfach verschwunden ist.

Wenn das Humboldt-Forum als Ort für die außereuropäischen Sammlungen etabliert wird, stellt sich endgültig die Frage nach Funktion und Sinnhaftigkeit des Hauses, das heute, in Zeiten der Globalisierung, nach eigener Definition für einen „Rooted Cosmopolitanism" steht. Was das konkret heißt? Eine Handvoll Kuratoren lädt angesagte und persönliche Lieblings-Künstler aus aller Welt ein und gruppiert sie um ein Motto. Und dafür braucht man die Kongresshalle?

Music is a „Cabaret"

Rammstein und Max Raabe sind Berlins erfolgreichste Musik-exporte. Was sie verbindet: die Tradition des Cabarets.

Es gab einmal – Anfang der Siebzigerjahre – einen Film namens „Cabaret" mit Liza Minelli, der das Berlin der Zwanzigerjahre – so wie es von den ausländischen Schriftstellern jener Zeit beschrieben und in den nostalgischen Reminiszenzen der Fünfzigerjahre erinnert wurde – kongenial in Szene setzte. Die Handlung war nicht weiter bemerkenswert, aber der Film zeigte den Gegensatz zwischen realer und interpretierter Welt in aller Deutlichkeit. Und dieses Cabaret dient den bekanntesten Vertretern populärer Musikinterpretation als Blaupause für ihre weltweit erfolgreichen Produktionen und Auftritte.

Bei dem einen ist es offensichtlich. Er ist seit vielen Jahren ein Revival-Interpret von außerordentlicher Perfektion: Max Raabe singt regelmäßig in der Carnegie Hall und füllt riesige Säle in Russland, China und Japan. Bis zu 120 Konzerte gibt er jährlich, dazu kommen Solo-Auftritte mit Klavierbegleitung. Der Kameramann von Fassbinder und Scorsese, Michael Ballhaus, filmte einen DVD-Konzertmitschnitt, der von Fernsehsendern in aller Welt gezeigt wird.

Das Berlin der Zwanzigerjahre ist seine Welt, die Camouflage seine Profession. Der staatlich geprüfte Opernsänger gibt mit seinem Palastorchester den Wiedergänger der Comedian Harmonists. Er singt „Veronika, der Lenz ist da" und dehnt das Oooo soooo gern. Er hatte einen Hit mit „Kein Schwein ruft mich an" und kann 500 Lieder aus den Zwanziger-, Dreißiger- und Vierzigerjahren auswendig. Er hat also ein echtes Interesse an der Zeit, der Musik, den Texten – und entsprechend perfekt verkörpert er den Interpreten dieser Schlager.

Sein Outfit fällt im heutigen Berlin besonders auf: Er ist stets korrekt gekleidet – Fräcke und Stehkragenhemden nach Maß aus der Schneiderei Adam in Charlottenburg sind sein Markenzeichen. Der schöne Schein, der in den Zwanzigerjahren noch Voraussetzung für erfolgreiche Geschäfte und ernstzunehmende Kunstdarbietungen war, ist für Max Raabe der Sockel, von dem aus er die melodisch einschmeichelnden, manchmal frivolen, immer heiteren Hymnen über Liebe, Lust und Reiseabenteuer zum Besten gibt.

Die Fallhöhe könnte nicht größer sein, betrachtet man den zweiten Erfolgsexport des Berliner Musikschaffens: Rammstein positionieren sich exakt auf der anderen Seite der Gefühlswelten. Während Raabe sein Publikum mit der Künstlichkeit der längst vergangenen, in Musik und Texten unschuldig daherkommenden Schlager in andere Sphären entführt und über den Alltag hinwegtröstet, setzen die Brachialrocker auf das Freisetzen der niedrigsten Triebe des Menschen und ihre Umsetzung in ohrenbetäubende, stampfende Rhythmen.

Sie stehen für das Außen in „Cabaret", für die Masse, die weder Geld noch Interesse für die Bühne der wohlklingenden Interpretation aufbringen kann. Ihr kann die Leichtigkeit der Schlager keine Entspannung bieten, sie lebt im Rhythmus der Maschinen – auch wenn diese längst stillstehen. Nur nachts kommt Leben in die Industrieruinen: Wenn die Techno-DJs ihre Fans mit dröhnenden, harten Beats zum Tanzen bringen, entsteht Gemeinschaft unter den Ravern, eine sich im Stroboskoplicht wiegende Masse, verbunden durch eine Bassline, die den Kopf ausschaltet und direkt in den Bauch geht.

Rammstein schaffen das mit ihren Liedern auf eine ähnliche Art und Weise – auch wenn sie mit anderen Stilmitteln arbeiten. Ihre Musik klingt eher nach Heavy Metal, kombiniert mit Marschmusik und Schlagerelementen – Pop der härteren Gangart eben. Schließlich sehen sie sich als Interpreten der Rebellion, der guten alten Protestkultur des Rock 'n' Roll. Punk haben sie schon hinter sich, das waren die Kindereien ihrer Ostberliner Zeit als „Feeling B".

Heute ist Punk nur noch eine von vielen Moden, die der Vermarktung dienen. So haben sie ihre eigene Marke kreiert. Sie geben den vierschrötigen, weinerlichen, aggressiven und den hässlichen Deutschen. Und sind damit unglaublich erfolgreich. Weil alles, was auf der Welt als typisch deutsch angesehen wird, irgendwie an den Nationalsozialismus erinnert, gehen Rammstein gleich aufs Ganze und setzen sich als Henker, Schlächter und traumatisierte Typen in Szene, Rauch steigt auf, die Schein-werfer gleißen und die Körper bauen sich bedrohlich auf – Leni Riefenstahl, deren Bilder sie auch schon für ein Video verwendet haben, würde sich freuen, wenn sie das noch sehen könnte. Natürlich machen sie all das mit einem Augenzwinkern, ihre Fans wissen, dass sie Linke sind, und wohlgesinnte Journalisten betonen, das sei alles nur Show.

Und tatsächlich kann man den gesamten Auftritt der Band als großes Cabaret deuten: die Pyrotechnik, die Stummfilm-Gesten, das ganze Repertoire der Zeichen und Worte sind großes Theater, inszeniert von einem begnadeten Bühnenbildner, interpretiert von einem wuchtigen Mimen als Sänger-Darsteller, der zwar nicht singen kann, aber für das internationale Publikum unverständliche, bedrohlich wirkende deutsche Texte knödelt.

Das ist es, was die Massen von den Deutschen erwarten: Blitzkrieg und Sturmgewehr sind ihnen vertraut, Sauerkraut und Schlagbaum auch. Garniert mit sexuellen Verweisen schaffen es Single wie Album dann locker in die Top Ten der halben Welt und in Deutschland sogar auf den Index, was die größtmögliche Werbewirksamkeit unter Jugendlichen garantiert. Die Ossis freuen sich, dass ihre Jungs so erfolgreich sind und die West-Feuilletons sich echauffieren, während sie sich im stampfenden Takt deutschen Liedguts wiegen – in trauter Erinnerung an alte FDJ-Zeiten in ihrem militaristischen, aber leider untergegangenen Staat.

Szenerummel vs. Nobel-Viertel

Event-Kultur boomt – auch im Literaturbereich. Lesungen werden zu Multimedia-Ereignissen hochgetunt, „Wordrap" und Lesebühnen, Festivals und Auftritte gemeinsam mit Schauspielern sollen die Autoren zu Popstars machen. Die ausgezeichneten Werke aber entstehen nicht in der Öffentlichkeit, sondern quasi im Vorgarten.

Es gibt das Literaturhaus, die Literaturwerkstatt, das Literarische Colloquium, die Literaturtage, das Literaturfestival, die Literaturfabrik, die Krimi-Tage, das Literaturzentrum, die Weltlesebühne, das Poesiefestival, das Poetry Film Festival, Open Mike, Lesungen in Buchhandlungen, in der Akademie der Künste am Pariser Platz oder im Hanseatenweg, im Brecht-Haus, in den ausländischen Botschaften, und die lange Nacht des Buches. Und bestimmt noch mehrere hundert andere Orte und Termine, an denen aus Büchern gelesen sind.

Eröffnet wird der ganze Zirkus im Januar mit den „Geschichten in Jurten": Unter dem Dach des Sony Centers werden mongolische Zelte aufgebaut, und in vier Tagen finden 100 Lesungen statt. Autoren aus aller Welt wärmen Geist wie Gemüt der vom grauen Winter gepeinigten Gemeinde. Wer möchte, kann sich täglich mindestens eine Lesung anhören, zu Festivalzeiten eben auch mehrere Dutzend. Die Konkurrenz unter den Veranstaltern ist groß, das Publikum eher klein – es sei denn, es handelt sich um Schauspieler, die man aus dem Fernsehen kennt.

Eine Ausnahme sind die Lesebühnen. Sie sind immer ausverkauft und ein großer Spaß. Hier geht es nicht um hohe Literatur, sondern um gute Laune. Und die stellt sich schon allein dadurch ein, dass hier Alkohol konsumiert wird – ganz im Gegensatz zu den Musentempeln, in denen es vor der Lesung meist gar nichts zu trinken gibt. Fünf bis zehn Autoren lesen abwechselnd lustige Texte, danach wird zu Tanzmusik abgehottet.

Der Star dieser Club-Veranstaltungen ist natürlich Wladimir Kaminer, der Erfinder der „Russendisko" im Café Burger. Schon 2001 war diese Allerweltskneipe in der Torstraße, die durch ihren berühmten Autor weltweit bekanntwurde, täglich hoffnungslos überfüllt. Man stand auf dem Bürgersteig, trank ein Bier und ging weiter. Und mehrte den Mythos des Lokals.

Der gebürtige Russe hat sich in kürzester Zeit nicht nur in die erste Liga der Schriftsteller katapultiert, er ist auch zum größten Werbeträger des neuen Berlin geworden. Seine Geschichten vom Prenzlauer Berg werden in aller Welt gelesen, er ist im Radio zu hören, macht Filme für das Frühstücksfernsehen und veröffentlicht ein Buch nach dem anderen. Den Berlinern erklärt er die russische Mentalität, den anderen die Berliner.

Was dem überaus populären Autor noch fehlt, sind die höheren Weihen der Preisrichter. Bisher wurde ihm nur der Literaturpreis der Stahlstiftung Eisenhüttenstadt verliehen. Die Kritik findet seine Bücher wohl zu banal, manchmal geraten seine Geschichten wirklich etwas stereotyp, und man meint, alles schon einmal gelesen zu haben, obwohl man eine Neuerscheinung vor sich hat. Doch der „Sound", den er produziert, entspricht exakt dem Umfeld, in dem er sich bewegt. Er ist der Chronist des Mitte-Berlin und als solcher perfekt.

Die Wohnviertel, aus denen die großen Preisträger kommen, sind nicht so bekannt, und in ihren eigenen Büchern kommen die Stadtteile, in denen sie zu Hause sind, auch nicht vor. Trotzdem hat Friedenau schon zwei Nobelpreisträger – Günter Grass und Herta Müller – hervorgebracht. Das ist der Bezirk, in den die Kreuz- und Schöneberger ziehen, wenn ihre Kinder ins schulpflichtige Alter kommen, weil hier fast nur deutschsprachige Eltern wohnen.

Nach dem Deutsch-Französischen Krieg wurden hier die Bürgerhäuser für die vielen neuen Einwohner gebaut, die nach Berlin kamen. Die Straßen sind oft hufeisenförmig angelegt, in der Mitte ist ein Park. Günter Grass wohnte von 1963 bis 1996 in einem romantischen kleinen Landhaus mit Vorgärtchen. Heute wird hier die Vorabendserie „Türkisch für Anfänger" gedreht – ausgerechnet hier. Uwe Johnson wohnte gleich nebenan, und als er längere Zeit verreist war, besetzte die Kommune I seine Wohnung.

Andreas Wolff, der gemeinsam mit Peter Suhrkamp den gleichnamigen Verlag aufbaute, gründete hier seine

„Friedenauer Presse", K. P. Herbach veranstaltete in seinem „Buchhändlerkeller" Lesungen, und die Banater Schwäbin Herta Müller fand hier eine Bleibe, als sie Rumänien 1987 endlich verlassen konnte. Und Max Frisch sah man hier einst im Pyjama – er hatte sich gerade mit seiner Frau gestritten und lief einfach auf die Straße.

Was ist der Grund für die Entstehung der „Literaturmeile" in Friedenau? Wo Freunde wohnen, zieht man gerne hin. Also siedelten sich in den Sechzigerjahren auch Hans Magnus Enzensberger, Nicolas Born und Yaak Karsunke hier an. Schließlich war es im eingemauerten Westberlin gar nicht so einfach, bezahlbare Wohnungen mit genügend Platz für die vielen Bücher zu finden, die Schriftsteller nun einmal besitzen.

Hier fand man eine grüne Oase in Großstadtnähe, die vom Krieg wenig zerstört war und deren Gründerzeithäuser große, hohe Wohnräume für viele Regalmeter bereithielten. Und während man im *Kursbuch* die Weltrevolution predigte und die Protokolle der Invasoren in der Schweinebucht auf Kuba als Stück publizierte, machte man es sich im eigenen Garten gemütlich.

... und in der Mitte ein Schloss

Die Chance für einen Neuanfang in der Stadtplanung wurde vergeben. Moderne Architektur findet sich in Berlin höchst selten. Der Schloss-Nachbau soll Identifikation stiften und ist doch nur der Gipfel einer triumphierenden Planung. Der Versuch, eine Stadtstruktur wiederherzustellen, die es so nie gegeben hat, beseitigt alle Spuren der DDR-Geschichte.

Nach der Wende verkündete der Stadtbaumeister Hans Stimmann mit seinem „Planwerk Innenstadt" die Rückkehr in die Vergangenheit. Die Einhaltung der Traufhöhe verhinderte – von wenigen Ausnahmen abgesehen – den Bau von Hochhäusern. Internationale Stararchitekten beklagten die Beschneidung ihrer Gestaltungsideen und machten den Senatsbaudirektor für die gescheiterte Neubebauung von Friedrichstraße und Potsdamer Platz verantwortlich. Die Realität ist – wie immer – komplizierter:

Der Senat hat sein Ziel erreicht, die Bebauung der Brachen folgte dem Straßenraster der Vorkriegszeit. Dass inzwischen jede grüne Lücke verbaut wurde, ist dem Profitstreben geschuldet. Angesichts des Leerstands an Büroflächen, die als Abschreibungsposten dienen, ist der Gewinn für die Stadt überschaubar. Die Tatsache, dass ein Kaufhaus wie das andere aussieht und die Gebäude sich lediglich in der Materialwahl minimal voneinander unterscheiden, spricht hingegen nicht für die Kreativität der Planer.

Ein – nicht ausgesprochenes, aber umso ehrgeiziger verfolgtes – Ziel wurde auf jeden Fall erreicht: Die Spuren der 40-jährigen SED-Herrschaft wurden weitgehend beseitigt. Nur die – unter Denkmalschutz gestellte – Karl-Marx-Allee mit ihren „Arbeiterpalästen" und der zugige Alexanderplatz, der seit der Wende permanent umgebaut wird, zeugen noch vom Impetus der Kommunisten, eine ganz neue Stadt zu bauen.

Die Stadtmitte soll eine perfekt gestaltete Reise in die Vergangenheit werden, die Repräsentationskultur der Gründerzeit wiederauferstehen. Alle Ansätze einer widersprüchlichen Planung wurden ignoriert, und die Anstrengungen der jungen Mitte-Bewohner, den „Palast der Republik" als Kunstobjekt und Ausstellungsraum zu erhalten, beiseitegewischt. Die Politik hat sich dafür entschieden, an dieser Stelle eine wirkmächtige Replik des Stadtschlosses der preußischen Kurfürsten zu errichten.

„Humboldt-Forum" soll das rekonstruierte Preußenschloss heißen und ein großer Container sein, der alle Versprechen in sich aufnimmt: die außereuropäischen Sammlungen aus Dahlem, Theater, Kino, Museumsshop, Cafés und Restaurants. 16.000 Besucher erwartet man jeden Tag – eine Kultur-Mall im Herzen der Stadt, umgeben von barocken Fassaden. Welcher Schein hier mehr trügt, wird sich zeigen.

Alle wollen teilhaben an dem sinnstiftenden Bau. Doch keiner will die Verantwortung übernehmen. Die „Stiftung Berliner Schloss – Humboldt-Forum" soll sich darum kümmern, die privaten Spenden zu akquirieren. Jene ominösen 80 Millionen Euro, die Wilhelm von Boddien, Landmaschinenhändler aus Bargteheide in Schleswig-Holstein und Gründer des „Fördervereins Berliner Stadtschloss", als Mehrkosten für die historische Fassadenrekonstruktion errechnet hat.

Um für den Wiederaufbau zu werben, ließ der Reserveleutnant 1993 ein Gerüst mit der alten Fassade des Schlosses aufstellen. Nach der PR-Aktion für das Schloss wurde er gleich Geschäftsführer der Stadtmarketing-Firma „Partner für Berlin". Als solcher fiel er eher durch getürkte Förderlisten und Auftragsvergabe an befreundete Firmen als durch große Ideen auf.

Ein Ermittlungsverfahren wegen des Verdachts der Steuerhinterziehung wurde wieder eingestellt, doch Boddien nach eineinviertel Jahren seines Postens enthoben. Aber als obersten Spendensammler für das Schloss ließ man ihn gewähren – und verlieh dem Verein sogar das steuerprivilegierende Spendensiegel.

11,5 Millionen Euro hat er gesammelt, 9,5 Millionen aber schon wieder ausgegeben – für seine Tätigkeit als Geschäftsführer, Werbung für den Verein und vor allem für Planungsaufträge an ein leitendes Mitglied des Fördervereins, den Architekten Rupert Stuhlemmer. Und weil die Spenden für den Staat nicht kostenfrei sind, sondern bereits Steuermindereinnahmen von 6,5 Millionen Euro mit sich brachten, bleibt unterm Strich nur die PR-Kampagne eines unermüdlichen Selbstdarstellers.

Die angeblichen Kosten der Fassadenrekonstruktion wurden nie überprüft, Boddien hat sie irgendwann um 14 Millionen Euro gesenkt, um die Ausgaben des Vereins in der Kostenkalkulation zu berücksichtigen. Nach seriösen Kostenschätzungen des Bauministeriums betragen die Mehrkosten der historischen Fassaden und der Kuppel aber circa 146 Millionen Euro gegenüber denen eines anspruchsvollen modernen Neubaus.

Den Berliner selbst kümmert der ganze Hickhack herzlich wenig, der Finanzsenator hat zur Neuregelung der ganzen Angelegenheit nur angemerkt, dass das Land Berlin auf keinen Fall mehr als die im Bundestagsbeschluss erwähnten 32 Millionen Euro zahlen werde.

Der italienische Architekt Franco Stella ging als Sieger aus der Ausschreibung für den Neubau des Schlosses hervor, weil er genau das machte, was die Auftraggeber wollten: einen Entwurf, der alles offenlässt, was in dem Gebäude stattfinden soll – Hauptsache, die Verkleidung, sprich: die barocke Fassade, stimmt. Dass er als alter Freund von Senatsbaudirektor Stimmann den Schlussstein unter dessen Vision einer historischen Rekonstruktion von Mitte setzt, passt auch ins Bild. Insider sprechen von einem Old-Boys-Netzwerk.

Zum Wettbewerb sagt David Chipperfield, der Architekt der Museumsinsel: „Es war so, als hätte man den Architekten ein Kreuzworträtsel in die Hand gegeben, das bereits gelöst ist." Er hat am „Neuen Museum" – gegen große Widerstände der politisch Verantwortlichen –

jede Spur der Vergangenheit minuziös bewahrt, während Stella am Schlossplatz ein modernes Pasticcio aus Altfassade und moderner Museumsnutzung versucht.

Warum, fragt sich der außenstehende Beobachter, sollten die Berliner sich nicht auch über Zeugnisse der Vergangenheit freuen, die nachträglich wiederaufgebaut wurden – so wie die Frankfurter über ihren Römer oder die Dresdner über ihre Frauenkirche? Weil man damit alles in Abrede stellt, was später in der Stadt passiert ist, sagen Kritiker. Alles, was in der Zeit der Teilung der Stadt entstanden ist, wird durch Repliken der Vorvergangenheit ersetzt, die der Repräsentation und dem Tourismus dienlich sind.

Die Pläne Stimmanns gehen weit über die Rekonstruktion des Schlosses hinaus. Er will das ganze Viertel rund um das Rote Rathaus in den Dimensionen einer mittelalterlichen Altstadt wiederaufgebaut sehen. Chipperfield: „Manchmal kann es sinnvoll sein, Dinge zu restaurieren. Aber in diesem Fall handelt es sich um eine riesige Neuerfindung. Das ist verrückt."

Was den Berliner bewegt – Mobiles Leben

Fahrtenverhinderer und Selbstmordkandidaten

Kein Fortkommen: Egal, womit man unterwegs ist – die Fort-bewegung in der Stadt ist mühsam. Die Entfernungen sind weit, die öffentlichen Verkehrsmittel unzuverlässig, der Auto-verkehr nervenaufreibend und die Fahrradfahrer gemeinge-fährlich oder lebensmüde.

Berlin ist groß – neunmal so groß wie Paris –, und deshalb dauert es seine Zeit, wenn man von einem Stadtteil in den anderen fährt. Es liegt also nicht nur an der Faulheit des leidenschaftlichen Kiezbewohners, dass er seine ver-traute Umgebung ungern verlässt, es hat auch mit der Entfernung zu tun und mit den vordergründig zahllosen Möglichkeiten der Verkehrsmittel, die sich bei näherer Betrachtung alle als tückisch erweisen.

Wer in der Nähe einer U-Bahn-Station wohnt, kann sich glücklich schätzen. Generell ist die U-Bahn, die auf einigen Strecken als Hochbahn geführt wird, ein verlässliches Transportmittel – die meisten Stationen verfügen (im Gegensatz zur S-Bahn) sogar über Aufzüge, man kann sie also auch in Anspruch nehmen, wenn man allein mit dem Kinderwagen unterwegs ist oder mit dem Großeltern-Besuch die Stadt erkunden will.

Hat man die Bahn betreten, vertieft man sich möglichst in die mitgebrachte Zeitung. Kopfhörer sind auch gut zur Abschirmung, beides zusammen ist optimal. Wer einfach so dasteht, wird unweigerlich zum Opfer des Heeres von Möchtegern-Musikern, die mit Abfahrt des Zuges beginnen, ihr Repertoire von Songs herunterzuleiern, die man schon in der Pubertät nicht mehr ertragen konnte.

Dieser moderne Ablasshandel funktioniert genau so, wie die Kirche das vor der Reformation praktiziert hat: Man spendet Geld, um seinen (Seelen-)Frieden zu bekommen. Glücklich, wer einen Schnupfen hat, denn vor den Geruchsattacken der Obdachlosen kann man sich nicht wirklich schützen, da hilft nur das Abteil wechseln. Doch hier wartet schon der nächste vom Leben Gebeutelte, um seine Geschichte zu erzählen.

„Ich bin arm, kann selbst nichts dafür und möchte das Geld, das ihr mir deshalb schuldet." So der Tenor des Vortrags, auch wenn die Worte des Aidskranken oder Arbeitslosen andere sind. Oder der Bettler am Hackeschen Markt. Er sitzt nicht demütig da und bittet um Almosen, sondern steht mit der Bierflasche in der Hand da und brüllt über den Bahnsteig: „Hat jemand einen Fahrschein, den er nicht mehr braucht?"

Aufregend wird es, muss man die U-Bahn-Linie wechseln. Nicht nur deshalb, weil man leicht in eine handgreifliche Auseinandersetzung zwischen Drogendealern und ihren Kunden geraten kann, wenn man zufällig am Kottbusser Tor umsteigen muss. Es gibt auch noch andere Bewohner dieser unterirdischen Welten, denen man allein lieber nicht begegnen möchte. Nach möglichem Schutz in Form von Bahnaufsicht oder Polizei sucht man hier vergebens.

Sogleich wünscht man sich, man wäre lieber zu Hause geblieben. Denn mal kurz die Bahn wechseln gibt es nicht: Vom einen Bahnsteig zum anderen legt man oft unendliche Strecken zurück, treppauf, treppab. Kommt man endlich an, ist der Anschlusszug bereits abgefahren. Leitsysteme und Fahrplan-Koordination gehören nicht zu den großen Stärken der Berliner Verkehrsbetriebe (BVG).

Wenn es überhaupt eine Umsteigemöglichkeit gibt: Die neueste Strecke vom Hauptbahnhof zum Pariser Platz endet im Nichts – oder besser gesagt: 17 Meter unter dem Brandenburger Tor. Hier kann man allenfalls in den Bus umsteigen, um zum Alexanderplatz zu kommen, wohin die sogenannte Kanzler-U-Bahn irgendwann verlängert werden soll.

Das soll noch einmal 433 Millionen Euro kosten. Die Zahlen nimmt aber sowieso keiner für bare Münze, und die Termine schon gar nicht – nach 13 Jahren Bauzeit und

320 Millionen für die jetzt 1,8 Kilometer lange Strecke, die zur Fußball-WM eröffnet werden sollte. Zum Glück fand drei Jahre später die Leichtathletik-WM statt, und so konnten die Fans mit der U-Bahn zum Marathon-Start und den Kulturveranstaltungen fahren – sofern sie von auswärts mit dem Zug angereist kamen.

Aber über die Bahn sollte man nach dem S-Bahn-Desaster des Jahres 2009 lieber gar nicht sprechen: Im Februar wird darüber berichtet, dass Unpünktlichkeit und Unsauberkeit in den Zügen zunehmen, Züge gekürzt fahren und es immer wieder zu technischen Ausfällen kommt. Am 1. Mai bricht das Rad eines Wagens. Die vorgeschriebenen Sicherheitsprüfungen werden nicht durchgeführt, und im Juni sind nur noch 165 der 632 Züge einsatzbereit. Man zählt am 20. Juli 380.000 Fahrgäste, normal sind in den Ferien 900.000, sonst 1,2 Millionen.

Neben vielen anderen wird die Stadtbahnstrecke durch die Innenstadt zwischen Ostbahnhof und Charlottenburg über die Sommermonate weitgehend eingestellt. Reisende, die auf dem Hauptbahnhof ankommen, haben keinen Anschluss an den öffentlichen Nahverkehr. Nur die Ringbahn und drei Nord-Süd-Verbindungen bleiben – mit doppelten Intervallen – in Betrieb.

Gegen Ende des Jahres normalisiert sich der S-Bahn-Verkehr halbwegs, doch dann kommt der Wintereinbruch – und mit ihm neue Probleme. Ist die Strecke nicht vereist, sind die Signalanlagen eingefroren. Sind die Züge technisch einsatzfähig, ist die S-Bahn nicht beheizt.

„Man ist ja schon froh, wenn überhaupt eine kommt", so der langmütige Kommentar der frierenden Fahrgäste.

Nebenbei erfuhr man von der Schließung fast aller Werkstätten und der Einsparung des Wartungspersonals. Kein Wunder, waren doch der Börsengang und die dafür notwendige möglichst gute Bilanz des Unternehmens oberstes Geschäftsziel unter Bahnchef Mehdorn. Ende Dezember 2009 rechnet der Berliner Senat damit, dass die S-Bahn erst 2013 wieder zum Normalbetrieb zurückkehren wird, und überlegt, mit privaten Betreibern zu verhandeln.

Während über die Entschädigung der geprellten Besitzer von Monats- und Jahreskarten weiter verhandelt wurde, kam eine Studie zu dem Ergebnis, dass die Dauerkarten im Verhältnis zu den Einzelfahrten zu teuer sind. Welche Konsequenz zog der Senat daraus? Statt diese zu verbilligen, beschloss man, die Preise für die Einzelfahrscheine anzuheben.

Das ist auch dringend geboten, haben doch die Verkehrsbetriebe BVG bei den vor der Finanzkrise so beliebten Sale-&-Lease-Back-Geschäften mit der pleitegegangenen Lehmann-Brothers-Bank mehr als 150 Millionen Euro in den Sand gesetzt. Da wird jeder Cent aus den Fahrkartenautomaten gebraucht, damit die Bilanz wieder ins Plus rutscht.

Das „Beförderungsentgelt", das je nach Finanzbedarf einfach erhöht wird, ohne dass ein Verkehrskonzept dahinterstehen würde, ist vielfach ein Grund für „Angriffe" auf BVG-Mitarbeiter. In den Außenbezirken sollte man es dringend vermeiden, sich einem Busfahrer anzutrauen, weil hier besonders viele betrunkene oder angriffslustige Jugendliche unterwegs sind, die nichts Besseres zu tun haben, als Fahrgäste zu belästigen und Fahrer zu bedrohen.

Man ist sogar dazu übergegangen, Feuerwehrleute, Polizisten und Justizangestellte in Uniform umsonst zu transportieren, um potenzielle Gewalttäter abzuschrecken. Glücklich also, wer ein Auto besitzt und nicht auf öffentliche Verkehrsmittel angewiesen ist.

Verkehrsbeschleuniger

Das alte Westberlin – und hier besonders Charlottenburg, das Zentrum der Mauerstadt, wo sich die Aufsteiger rund um den Ku'damm angesiedelt haben – hat den Autos absoluten Vorrang eingeräumt. Das hört man nicht nur tagtäglich in vielen Siedlungen und Häusern, die an eine der Stadtautobahnen grenzen, man bekommt es auch am eigenen Leib zu spüren, wenn man als Fußgänger oder Radfahrer unterwegs ist.

Im Sinne der modernen, autogerechten Stadt hat der Berliner Senat alles dafür getan, dass der motorisierte Individualverkehr rollt. Dies war das oberste Ziel, dem alles andere untergeordnet wurde. So wurde 1954 beschlossen, die Straßenbahnen abzuschaffen und durch U-Bahnen und Busse zu ersetzen.

Die Sechzigerjahre brachten eine weitere Änderung des Verkehrskonzepts. Weil 1964 die Fußgänger den Vorrang an Zebrastreifen zugesprochen bekamen, wurden diese kurzerhand abgeschafft. Warum? Richtig: um den Verkehr zu beschleunigen. Hatte Westberlin Mitte der Sechzigerjahre noch über 700, waren es 2001 nur noch 100 in der ganzen Stadt – so viele Fußgängerübergänge hat Kassel mit 200.000 Einwohnern.

Wer als Fußgänger die Bismarckstraße überqueren muss, schafft es gerade bis zum Mittelstreifen der sechsspurigen Magistrale. Dann steht die Ampel wieder auf Rot, und er muss mitten im Smog der vorbeirauschenden Autos warten, bis er seinen Weg fortsetzen kann. Nur furchtlose Sprinter schaffen es – unter Ignorieren der Ampelschaltung – in einem Anlauf.

Die ehemals breiten Bürgersteige, die im Osten aufgrund des Mangels erhalten geblieben sind, wurden zugunsten von Parkplätzen gekappt. Ab und zu hat man später auch noch einen Radweg abgezwackt. Die Busse – als Ersatz für die Straßenbahnen in großer Stückzahl eingekauft – stehen oft im Stau. Gibt es eigene Spuren für sie, sind diese von Zustelldiensten und Falschparkern zugeparkt, die mal schnell was erledigen müssen.

Obwohl die Ostberliner nachgerüstet haben – die meisten von ihnen haben sich nach der Wende erst mal ein Auto gekauft –, ist das Verkehrsaufkommen hier immer noch sehr viel geringer. Man ist es einfach nicht gewohnt, auf der Stadtautobahn zum Einkaufen ins Möbel-

Outlet zu fahren. Konsequenterweise lehnt die Mehrheit der Bewohner auch den Ausbau der Stadtautobahn von Treptow nach Pankow ab.

Auto-Vergötterer

In Prenzlauer Berg, Mitte und Friedrichshain fehlt vielerorts generell der Respekt vor den Autos, der den Deutschen sonst so eigen ist. Ausländer stellen oft fest, dass die Deutschen ihre Autos mehr lieben als alles andere. Während die Italiener diese Art der Bewunderung für ihre Kinder hegen, sorgen die Deutschen dafür, dass ihre Kinder im Haus bleiben, damit die Autos sicher in den Straßen spielen können.

Der Pariser speist im exquisiten Restaurant, der Römer legt Wert auf seine Kleidung, der Londoner Gentleman besucht seinen exklusiven Club. Der (West-)Berliner kauft sich einen Lamborghini und demonstriert mit dem Röhren des Motors, dass er es sich leisten kann. Und seine Frau bekommt einen Porsche Cayenne. Die gebündelte Armada von SUV-Fahrzeugen blockiert regelmäßig die Busspur am Ku'damm – mal schnell zu Chanel …

Wie weit entfernt erscheint einem heute die Invasion Westberlins durch die Trabis nach der Maueröffnung. Diese traurigen Schüsseln mit ihren formlosen Plastikkarosserien führten ostentativ die Armut der Ossis und die Unterlegenheit des Kommunismus vor Augen: kein Platz, keine Wahlmöglichkeit, kein Status, kein Vorsprung durch Technik …

Kein Wunder also, dass sämtliche Golf-Modelle auf Jahre ausverkauft waren – wie auch Opel Omega und Ford Focus –, nachdem der 1:1-Umtausch der Sparguthaben es den Ostberlinern endlich ermöglichte, in deutsche Wertarbeit zu investieren. Der viel gerühmten Berliner Luft, die bis zur Wende vom Zweitaktergemisch und den unzähligen Kohleheizungen traktiert wurde, tat dies sicherlich gut.

Genauso wie die Geschwindigkeitsbeschränkung auf der Avus, die vom rot-grünen Senat 1989 beschlossen wurde. Bis dahin waren die sieben Kilometer zwischen Eichkamp und Nikolassee die einzige Stadtautobahn in Deutschland, auf der gerast werden durfte, was das Zeug hielt. Hier konnte der Westberliner Autofanatiker seine PS aufheulen lassen, nachdem er Hunderte Kilometer auf der „Zonenautobahn" dahinzuckeln und am Grenzübergang oft stundenlang warten musste.

Es war eine blasse Erinnerung an die glorreichen Zeiten der Rennstrecke. 1909 wurde die „Automobil-Verkehrs- und Übungsstraße GmbH" (Avus) gegründet, 1921 wurde die Teststrecke für die aufstrebende deutsche Autoindustrie errichtet, prompt gewann Fritz von Opel das erste Rennen vor 300.000 Zuschauern – damals mit 8 Pferdestärken und 130 km/h. Die Autobahn wurde für die Benutzung freigegeben, war aber kostenpflichtig.

Nur wenige Menschen konnten sich „Fahrten auf der Avus" leisten. Und während der Inflationsjahre demontierte und verkaufte oder verheizte der Not leidende Teil der Berliner Bevölkerung die mobilen Teile der Strecke. 1926 und 1959 wurde auf der Avus der „Große Preis von Deutschland" in der Formel 1 ausgetragen. Beide Male gab es Tote, am Ende der Sechzigerjahre wurde die Steilkurve am Funkturm – die Ursache von Geschwindigkeitsrekorden und zahlreichen Unfällen – zum Autobahnkreuz umgebaut.

Im Wahlkampf für den ersten Gesamtberliner Senat machte die CDU mit einschlägigen Aufklebern wie „Lieber 200 mit Köpfchen als beschränkt mit 100" und „Freie Fahrt für freie Bürger" heiße Luft für die Fans der röhrenden Motoren, nach der Wahl wagte es Eberhard Diepgen aber nicht, das Tempo-Limit wieder aufzuheben. 1998 fand das letzte Autorennen auf der Avus statt, seither ist es ein ganz normales Autobahn-Teilstück.

Verstopfungskünstler

Wer in Berlin Auto fährt, muss viel Geduld mitbringen. Nicht nur wegen der in jeder Stadt üblichen Staus zu den Stoßzeiten. Die gibt es auch, wenngleich nicht so häufig wie in München oder Frankfurt – und meist lösen sie sich ziemlich schnell wieder auf. In einigen Straßen allerdings scheint das ganztägige Vorrücken um wenige

Meter bis zur nächsten Ampelphase zum Konzept zu gehören.

Vielleicht stecken ja die Betreiber der exklusiven Geschäfte in der Friedrichstraße oder am Ku'damm dahinter, dass es in den größten Einkaufsstraßen nie vorangeht. Leipziger Straße und Potsdamer Platz waren schon in den Zwanzigerjahren andauernd verstopft – nicht, weil so viele Autos unterwegs waren, sondern weil es einfach an Straßen fehlte. Ganz abgesehen von der anachronistischen Verkehrsführung, die das Stop-and-Go zum Prinzip erhebt. Grünphasen von 30 Sekunden sind keine Seltenheit, weil die Straßenbahn Vorfahrt hat, auch wenn weit und breit keine zu sehen ist.

Hat man endlich eine Strecke ausfindig gemacht, auf der man in aller Ruhe den Stau umfahren kann, steht man plötzlich vor einem Fahrverbotsschild – ohne Vorwarnung, ohne ein Verkehrszeichen, das auf die unerwartete Sackgasse hinweisen würde – Baustelle. Begibt man sich auf die dadurch hervorgerufene Umleitung, kann es Stunden und Tage dauern, bis man wieder auf die gewohnte Strecke zurückfindet.

Eine weitere schwere Prüfung für die Gelassenheit des Autofahrers ist das Einparkverhalten: Rückwärts einparken ist Pflicht, auch wenn es sich um Stellplätze in Parkbuchten handelt. Man sieht auch gleich, wer von auswärts kommt: der Lenker des Wagens, der als einziger nicht mit der Schnauze nach vorn auf dem Parkplatz steht.

Hat der Berliner bei schönem Wetter schon Probleme, zügig seinen Weg durch die Stadt zu finden, so wird er bei Regen oder im Dunkeln noch langsamer, und sollte es gar schneien, bewegen sich die ansässigen Fahrer mit Schneckengeschwindigkeit vorwärts, halten es aber trotzdem nicht für notwendig, ihr Licht einzuschalten.

Steigerungsstufen

Vielleicht liegt es ja an der Umgebung, dass auf der Stadtautobahn durch den Grunewald am Wochenende die Sonntagsfahrer mit Hut 50 fahren. Übertroffen wird dieses Fahrverhalten aber noch locker von Gattinnen mit SUVs, denen man vorwiegend rund um die Botschaften und Einkaufsmeilen begegnet, sowie von Touristen, die sich mit dem eigenen Auto in die Hauptstadt gewagt haben. Und von den Brandenburgern.

Diese werden – nicht zu Unrecht, wie man selbst oft feststellen muss – von den Berlinern für besonders unfähig gehalten. So werden die Gäste aus der Provinz anhand ihrer Kennzeichen verspottet: LOS bedeute „Lenken ohne Sinn" (ist auch einfacher zu merken als Lahme-Oder-Spree), MOL transkribiert der Spötter mit „Meine Oma lenkt" (Märkisch-Oderland), OHV wird mit „Ohne Hirn und Verstand" übersetzt (Oberhavel).

Wer hingegen aus dem Rest der Republik in die Hauptstadt zieht, sollte sein Kennzeichen möglichst lang behalten. Dem (aus deutschen Landen) Zugezogenen begegnet der Berliner mit einer Mischung aus Mitleid und Arroganz – etwa so wie einem kranken Verwandten. Und nimmt deshalb auch im Verkehr Rücksicht auf ihn.

Vorsicht ist hingegen geboten, wenn Sie es mit einem wild gewordenen Schnellfahrer oder einem behäbigen Schleicher zu tun haben, dessen Kennzeichen mit einer Null beginnt. Das ist der Code für Diplomaten, und gegen die ziehen Sie immer den Kürzeren. 12.000 Verkehrsdelikte gehen jährlich auf das Konto der Vertreter ausländischer Staaten in der Hauptstadt.

Hemmungslos wird falsch geparkt, gerast, auch Alkohol am Steuer ist keine Seltenheit. Jeden Tag werden bis zu 1500 Diplomatenautos durch Berlin gefahren. Sie sind laut Schätzungen täglich an zwei bis drei Unfällen beteiligt. Bei fast jedem zweiten Crash flüchten die Fahrer vom Unfallort. An der Spitze der Sünderliste stehen die Botschaftsangestellten aus Saudi-Arabien, Russland, Ägypten, China und Libyen.

Diese nutzen ihre Immunität, die ihnen Schutz vor Strafverfolgung zusichert, bewusst aus. Abgesehen von der Frustration der Polizeibeamten, deren Arbeit für den Papierkorb ist, entgehen dem Land Berlin rund 160.000 Euro an Bußgeldern pro Jahr – sagt die Statistik. Die tatsächliche Summe dürfte deutlich höher liegen, da viele Polizisten und Politessen erst gar keine Knöllchen für Diplomaten-Fahrzeuge ausstellen.

Wenn es um dicke Schlitten oder aufgebockte Mehrtonner als Prestigeobjekte geht, stehen unsere jungen türkischen Mitbürger dem Zehlendorfer oder Schöneberger Autofanatiker in nichts nach. Im Tuning- und Heckspoiler-Bereich zumindest hat die Assimilation an die deutschen Tugenden eins a funktioniert. Wehe, man kommt dem 3er-BMW des Kreuzberger Familienclan-Chefs zu nahe, da jault nicht nur die Alarmanlage.

Globalisierungsfalle

In den letzten Jahren ist es zunehmend gefährlicher geworden, seinen Sport- oder Geländewagen in einer jener Gegenden zu parken, deren Ausverkauf an die Reichen und Schönen von den Gegnern der wirtschaftlichen Verwertbarkeit lautstark beklagt wird. Nacht für Nacht werden – vor allem in Friedrichshain-Kreuzberg – Autos in Brand gesetzt.

Die Polizei ist machtlos. Meist kommt sie zu spät. In den seltenen Fällen, in denen Verdächtige festgenommen werden, muss man sie wegen mangelnder Beweise wieder laufenlassen. Mit dem Abfackeln von hochwertigen Autos wollen linksradikale Gruppen unter dem Motto „Brennende Nobelkarossen versus Gentrifizierung" Investoren und ihre zahlungskräftigen Kunden aus den Szenekiezen vertreiben – in denen sie selbst längst in der Minderheit sind.

Angezündet werden aber auch Umzugswagen, Car-sharing-Fahrzeuge der Bahn oder Lieferwagen der Post-Tochter DHL. Das ist dann die Abstrafung für den globalen Konzern-Kapitalismus. Wenn weniger begehrte Marken in Lichtenberg oder Treptow brennen, gehören die Autos oft Neonazis. In vielen Fällen lässt sich beim besten Willen kein Motiv erkennen.

Besondere Ironie der Sponti-Aktionen: Die Opfer dieser antikapitalistischen Selbstjustiz sind oft nicht die verhassten Manager, sondern die gemeinhin als Freunde angesehenen türkischen Kleinunternehmer oder Leute aus der „Szene", die ein größeres Auto haben, weil sie selbstständig sind oder ihre Kinder einmal die Woche über größere Entfernungen transportieren müssen.

Kindersitze und Kampfradler

Tja, die Eltern. Womit die so alles unterwegs sind. Angefangen vom Cabrio bis zur letzten Rostschüssel. Wenn sie dann noch der der Subspezies Fahrradfahrer angehören, wird's ungemütlich.

Aber alle legen größten Wert auf die Sicherheit ihres Nachwuchses. Kindersitze gehören zur begehrtesten Secondhand-Ware in Mitte und Prenzlauer Berg, werden aber meistens von den Großeltern geschenkt – nur das Beste ist gut genug für die Enkel. Und wer weiß, ob so ein gebrauchter Sitz noch voll funktionstüchtig ist …

Es begegnen einem mitunter aber auch ökologisch korrekte Eltern, die ihren Nachwuchs im Anhänger durch die Stadt transportieren, ungesichert und unbeleuchtet in der Dämmerung. Im Winter, wenn es um vier Uhr nachmittags dunkel wird – genau zu der Zeit also, wenn die lieben Kleinen aus der Kita abgeholt werden müssen –, kann man als Autofahrer so ein Gefährt erst im letzten Moment erkennen. Und wird dann noch beschimpft, weil man so knapp dran vorbeifährt.

Aber das ist in Berlin der Normalfall: Plötzlich taucht im Scheinwerferlicht ein Radfahrer auf, den man beim besten Willen vorher nicht erkennen konnte, weil er sehr modisch ganz in Schwarz gekleidet ist. Er fährt gemächlich mitten auf der Straße, damit er nicht in die Straßenbahnschienen geraten kann. Die Hälfte der Straßenbeleuchtung ist ausgeschaltet, die andere wirft ein diffuses Licht auf die Blätter der Bäume.

Das Fahren ohne Licht – besonders angesagt: mitten in der Nacht mit Sonnenbrille – ist Programm. An der mangelnden Ausrüstung liegt es nicht, wie man an den Leihrädern der Bahn beobachten kann. Auch bei denen wird das funktionstüchtige Licht nicht in Betrieb genommen. Weithin sichtbar zu sein ist ja so was von uncool, da riskiert man lieber überfahren zu werden.

Als Fußgänger sollte man sich von den Radwegen fernhalten. Die Fahrradboten sind einfach zu schnell, um ihnen im letzten Moment aus dem Weg zu gehen. Und obwohl diese Spezies im Zeitalter von Up- und Download nicht mehr so zahlreich unterwegs ist, gibt es genügend Nachahmer, die sich bemühen, mit ihren Mountainbikes auch in der Stadt so zu fahren, als wären sie auf einer Trecking-Tour durchs Valle Gran Rey.

Das machen sie auch auf den Bürgersteigen, die – besonders in den früheren Ostbezirken – so mancher Buckelpiste nicht unähnlich sind, aber der Hauptgrund dafür, dass die Radfahrer nicht auf der Straße fahren, ist das weit verbreitete Kopfsteinpflaster. Weist man die Rowdys auf das Vorhandensein alternativer Verkehrsbereiche hin – „Da ist die Straße!" –, antworten sie gerne: „Und da ist der Friedhof!"

Grundsätzlich gilt im Kontakt zwischen den verschiedenen Verkehrsteilnehmern das Berliner Motto: Wer forscher auftritt, hat Recht. Nur leider steht der friedliche Flaneur, der leicht in eine Auseinandersetzung geraten kann, wenn es hart auf hart kommt, am untersten Ende der Verletzungsskala. Er hat gar nichts, was ihn schützen oder vor einem – meist nicht nur verbalen – Angriff zur Flucht verhelfen könnte.

Allen Besuchern wird dringend geraten, ihr Gerechtigkeitsempfinden hintanzustellen, wenn sie sich in der Hauptstadt auf die Straße begeben. Der Stärkere hat immer Recht, merken Sie sich das. Und achten Sie besser darauf, den Berlinern nicht in die Quere zu kommen, damit Sie ohne Blessuren davonkommen.

Wenn Sie als Fremder meinen, Fahrrad fahren zu müssen, dann bitte nur im Pulk. Buchen Sie eine Stadtführung mit dem Retro-Bike, dann brauchen Sie keine Angst zu haben. Auch wenn man davon ausgehen muss, dass die Berliner Autofahrer jeden Radfahrer abdrängen und beim Abbiegen weder Fußgänger noch Radler beachten, sind sie chancenlos, wenn sie sich einer Gruppe von zwei Dutzend Touristen gegenübersehen.

Sie brüllen aus dem Fenster, wenn die Ampel auf Rot umspringt und die Straße noch nicht frei ist. Aber das kann Ihnen egal sein, Sie befinden sich im Schutz der Gruppe. Umgekehrt kann es schon vorkommen, dass ein Hardcore-Biker die Tür eines Wagens, der ihm – wie er meint – zu nahe kam, aufreißt und der Fahrerin Ohrfeigen androht.

Sitzt man im Auto, kann man – so man geistesgegenwärtig genug ist – wenigstens noch schnell die Tür verschließen. Wer auf dem Gehweg von einem Kampfradler „erlegt" wird, hat keine Chance auf Gegenwehr und auch keinerlei Möglichkeit, den Übeltäter zu belangen. Fahrräder haben bekanntermaßen keine Nummernschilder.

Wer immer in Konflikt mit einem dieser rücksichtslosen Gesellen gerät, sollte sich ruhig verhalten und sich nach – nicht nur moralischer – Unterstützung umsehen, sonst könnte es böse für ihn enden. Einen blöden Spruch wie „Na wat denn, hab's eilig!" steckt man ja locker weg, aber meist folgt die tätliche Bedrohung auf dem Fuß, wagt man es, „Du Vollidiot!" zu brüllen, nachdem man fast überfahren wurde.

Bestimmt gibt es auch anderswo rücksichtslose Verkehrsteilnehmer – das Überfahren roter Ampeln oder die Nichtbeachtung von Zebrastreifen ist in allen Großstädten en vogue –, aber nirgendwo ist es so schlimm wie in Berlin, wo man als blöder Spießer gilt, wenn man die Verkehrsregeln beachtet und gegenseitige Rücksichtnahme für ein notwendiges Schmiermittel des menschlichen Zusammenlebens hält.

Taxi zum Schein

Der Vollständigkeit halber sei noch auf das Vorhandensein von Transportunternehmen für die Personenbeförderung verwiesen. Doch Vorsicht: Wer sich einfach auf die Straße stellt, um ein Taxi anzuhalten, hat zu viele Hollywood-Filme gesehen, die in New York spielen.

In Berlin gilt: vorher anrufen, dann lange warten, unfreundlich behandelt werden, ein stattliches Entgelt entrichten, fluchen, beim nächsten Mal eine andere Taxi-Rufnummer wählen – mit dem gleichen Endergebnis.

Gibt es ausgebildete Taxifahrer? Wer sich in Berlin kutschieren lässt, gewinnt in den meisten Fällen den gegenteiligen Eindruck. So wie im Gastgewerbe herrscht auch hier die Meinung vor, es handle sich um eine minderwertige Profession, die jeder nebenbei ausüben kann, während er – in den seltensten Fällen handelt es sich um Frauen – eigentlich studiert, schreibt oder sich als Schauspieler durch die Mitwirkung an No-Budget-Filmen einen Namen macht.

Eigentlich müssen die Fahrer einen Personenbeförderungsschein haben, zu dessen Erwerb eine Ortskenntnisprüfung bestanden werden muss. Dabei sollte der Prüfling 9500 Namen von Straßen und Plätzen zuordnen, jede Menge öffentliche und touristische Orte kennen und etwa 100 Strecken en detail aufzählen können. Im Zeitalter der Navigationssysteme scheint das übertrieben, aber offensichtlich benutzt kaum ein Taxifahrer diese mittlerweile in fast jedem Fahrzeug vorhandenen Orientierungssysteme.

Immerhin wäre das eine Garantie dafür, dass sich der Fahrer auskennt. Aber entweder haben alle ihre Konzession vor dem Mauerfall erworben oder es handelt sich um Ausländer, von denen deutsche Kollegen vermuten, dass – weil für die Prüfer alle gleich aussehen – nur ein Familienmitglied lernt und dann für seine Brüder, Schwestern, Onkel, Tanten und Vetter immer wieder die Prüfung ablegt.

Alle paar Monate gibt es einen Appell der Taxiinnung und des Senats, freundlich zu den Kunden zu sein. Dann kommt auch mal die Frage, ob man einen bevorzugten Weg nach Hause habe, wenn man am Flughafen Tegel ins Taxi steigt. Ansonsten funktioniert es nach dem Motto: „Laber du nur, ick fahre." Trotz genauer Ansage der um diese Tageszeit kürzesten Strecke geht es mitten rein in den Stau. „Hallo? Ich habe Sie gebeten, anders zu fahren." – „Kenne Weg nich, fahr immer hier wenn Osten."

Sitzt man im Taxi, genießt man immerhin den Vorteil einer – mitunter – freien Bus- und Taxispur, wenn man's eilig hat. Ist man dagegen selbst mit dem Auto unterwegs, kann man nur fünf Kreuze schlagen und sich zurückfallen lassen, wenn man in die Nähe der Automatik-Karossen kommt, die erst nicht beschleunigen, dann abrupt bremsen, ohne zu blinken abbiegen oder einfach mitten auf der Straße halten und einem Prügel androhen, wenn man sich darüber beschwert.

Aber auch der Fahrgast wird oftmals von der einnehmenden Freundlichkeit der Berliner Taxifahrer überrascht, wie ein Freund, der in den Fond des bereitstehenden Taxis stieg und sagte: „Ich muss zur Karl-Marx-Allee!" – Dreht sich der Fahrer um und fragt: „Und? Was hab ich damit zu tun?" Ähnlich erging es einer Freundin, die einem Alt-68-er in die Hände fiel, als sie vor dem Grand Hyatt am Potsdamer Platz mit ihrem zehnjährigen Junior in ein Taxi stieg, um in die Oper zu fahren. Der abschätzige Blick des Taxifahrers sagte schon alles: Aha, Kapitalisten-Zicke und verwöhntes Rotzbalg haben Ausgang. Sie ließ sich in der Karre nieder, zog die Tür zu und sagte: „Zur Staatsoper, bitte!" Damit war das Maß voll. „Die war aber zu!" – Er meinte offensichtlich die Tür. Sie beschloss voll zu kontern: „Kann ich wissen, dass Ihr Auto so empfindlich ist?"

Der Taxifahrer nahm sich schwer zusammen und sparte sich die Rache fürs Finale auf. Er hielt kurz vor der Staatsoper, sie öffnete die Tür und streckte schon den Fuß zum Aussteigen aus, als er zu ihrem Schreck noch einmal Gas gab und mit offener Beifahrertür weiterfuhr, um nach ein paar Metern zu sagen: „Ich lass Se hier raus, damit Se noch wenjer loofen müssen."

Was dem Berliner gefällt – Freizeit

Umsonst und draußen

Freibier und Kleingartenverein umschreiben ziemlich anschaulich das Freizeitverhalten des Berliners: Kultur lässt ihn kalt, Messen ziehen ihn an. Im Sommer ist er am, im oder – im Idealfall – auf dem Wasser, bevorzugterweise nackt. Im Winter bleibt er lieber zu Hause. Und am liebsten hält er sich überall dort auf, wo alle anderen auch sind.

Für den Nicht-Berliner gibt es Hunderte gute Gründe, die Hauptstadt zu besuchen. Der Berliner selbst fährt lieber raus.

Außer es gibt was umsonst, dann bleibt er in der Stadt und fährt zum Brandenburger Tor, wo die meisten Feiern für lau stattfinden. Oder er unterstützt den früheren Messdiener und jetzigen Media-Markt-Werbeträger Mario Barth bei seinem Weltrekord als „Live-Comedian mit den meisten Zuschauern" – gemeinsam mit 70.000 anderen Berlinern.

Das kulturelle Angebot nutzt der Berliner kaum. Vor den neu eröffneten Häusern auf der Museumsinsel sieht man lange Schlangen, 4000 Besucher zählt man im Neuen Museum pro Tag, aber Einheimische sind kaum darunter. „Det wird ja ooch noch nächstes Jahr hier zu stehen, oder?" Man wartet, bis sich die Aufregung gelegt hat.

Und bis dahin hat man's wieder vergessen. Ist auch alles zu weit weg vom eigenen Kiez, und die S-Bahn fährt in letzter Zeit so unregelmäßig. Mit dem Auto zu fahren hat sowieso keinen Sinn, die Parkraumbewirtschaftung hat sich an die Öffnungszeiten der Lokale angepasst. Man zahlt also rund um die Uhr und am Wochenende.

Allerdings gibt es eine Handvoll Großereignisse, die sich allergrößter Beliebtheit erfreuen. Wie nicht anders zu erwarten, finden sie ausnahmslos im Winter statt, wenn der graue Himmel und die permanente Feuchtigkeit die Menschen in der Hauptstadt zur Verzweiflung treiben – oder zu Ikea, wo es an den verkaufsoffenen Sonntagen günstiges Essen gibt.

Nachdem sie seit November das Haus nur noch für lebensnotwendige Tätigkeiten (Arbeit, Einkaufen, Bierchen, Frisör) verlassen haben, begeben sie sich Ende Januar in die Messehallen – zur „Grünen Woche", wo inländische Aussteller echte Tiere herzeigen und ausländische Anbieter die wenigen Produkte, die nicht vom deutschen Zoll beschlagnahmt wurden, weil sie gegen EU-Gesetze verstoßen, zur Verkostung anbieten.

Der erfahrene Besucher geht allerdings erst in den letzten zwei Tagen hin. Von Montag bis Freitag sammelt er Gutscheine, die den Zeitungen beiliegen und von den Fernsehsendern verlost werden, und fastet. Am Wochenende ziehen dann Vater, Mutter, Kind, Oma, Tante und Cousine das ganze Programm durch: Kühe melken in Rekordzeit, zwei Pfund Würste für drei Euro, Kaffee mit Sahnetorte für einsfuffzig – da schlägt das Herz des Berliners höher. Und so feiert die „Grüne Woche" Jahr für Jahr neue Besucherrekorde. Sie gehört zur Stadt wie der Fernsehturm und das Brandenburger Tor. Auch der Regierende Bürgermeister erzählt in seiner Biografie vom alljährlichen Besuch dieser Traditionsveranstaltung – schon als Kind.

Brandenburgs Ministerpräsident präsentiert die Spezialität aus dem Spreewald – gemeinsam mit dem Gurkenkönigspaar, der aus Sachsen-Anhalt bekommt zur Begrüßung einen Wurststrauß, die Führungsriege aus Thüringen muss den Bratwurst-Test überstehen, und der Regierende Bürgermeister stößt mit jedem an, sogar mit der CSU-Landwirtschaftsministerin, und der Funkturm leuchtet grün.

Blumengesteckträger, Möhrentürme und Apfelvorhänge, Bauern und Bäcker in historischen Kostümen – viel Maskerade an den Ständen, viel Gedränge in den Hallen, da fühlt sich der Berliner wohl. Vor allem, weil es überall etwas zu probieren gibt: die Käsehäppchen von Frau Antje, Bio-Schokoküsse und Anti-Aging-Bier aus dem Umland, Salami aus Ungarn. Und die Kinder dürfen Ferkel streicheln und Trecker fahren.

Der nächste – mittlerweile auch international bekannte – Event folgt auf dem Fuße. Anfang Februar grassiert das „Berlinale-Fieber": Egal, wen man trifft, ob in Mitte oder Charlottenburg, ob Lehrer, Künstler oder Student, ja sogar Aushilfskräfte im Supermarkt sind auf der verzweifelten Jagd nach Kinokarten. Jeder will den roten Teppich aus der Nähe sehen, auch wenn darauf nur zweitklassige Schauspielerinnen vorbeidefilieren.

Der geschäftige Direktor Dieter Kosslick hat es geschafft, dass die Berlinale durch Sondervorführungen, Workshops, Ausstellungen und Diners in der gesamten Stadt präsent ist. Gleichzeitig wird das Kartenkontingent knappgehalten, Buchungen sind nur drei Tage im Voraus möglich. Wer im Internet bestellt, zahlt horrende Zusatzgebühren, und wer sich nicht morgens um acht in die Schlange stellt, hat keine Chance, einen attraktiven Film zu sehen.

So kommt es, dass sich die Angestellte des Ordnungsamts, die sonst am liebsten den von den russischen Gattinnen bevorzugten SUVs in der Friedrichstraße Strafmandate ausstellt, einen tadschikischen Dokumentarfilm mit englischen Untertiteln anschaut, weil das der einzige Film war, für den sie an ihrem freien Tag noch eine Eintrittskarte ergattern konnte.

Im März geht es dann zur ITB – der Internationalen Tourismusbörse. Hier kann man mit viel Glück eine Reise gewinnen. Auch wenn die geplagte Hausfrau am Schluss nur einen Zweitagesaufenthalt von „Du darfst" am Tegernsee gewinnt, für den sie die Hin- und Rückfahrt selber zahlen muss, freut sie sich über ihren „Hauptgewinn". Dabei sein ist eben alles, und nur wer wagt, der gewinnt.

Sommer vorm Balkon

Danach wird es in Berlin Sommer. Frühjahr gibt es keines. Ab April brennt die Sonne unerbittlich vom Himmel, und der Berliner geht nicht mehr ins Haus, sondern verbringt seine Tage und Abende auf dem Bürgersteig, der Terrasse, dem Balkon oder am offenen Fenster. Wer zu Fuß oder mit dem Fahrrad unterwegs ist, gibt bald auf und setzt sich irgendwohin. Später, wenn es kühler wird, kommt man wieder durch …

Positiv zu vermerken ist, dass sich die Laune der Alt-, Neu- und gelernten Berliner sofort merklich bessert, wenn es wärmer wird und der Himmel endlich wieder blau ist. Die Türken erobern den Tiergarten, bauen ihre Grillstationen auf und hinterlassen die vom Migrationsexperten Sarrazin beanstandeten Tonnen von Hammelknochen.

Die Mädels ziehen ihre Strumpfhosen aus und zeigen, dass sie Beine und Dekolletés haben, über Hirschgeweihe und rosa Unterhosen, die aus tief sitzenden Jeans lugen, wollen wir jetzt einmal hinwegsehen. Die Freude über die steigenden Temperaturen verfliegt aber schnell, weil uns die Sonnenbrillenmode an die in Kürze auftauchenden Insekten erinnert, die sich bar jeder Coolness sehr für unser Blut interessieren.

Der Einheimische trinkt Berliner Weiße – ein obergäriges Bier, das aber auch schon gar nichts mit einem Weißbier, wie man es aus Bayern kennt, zu tun hat. Weil es pur ganz scheußlich schmeckt, wird es mit Waldmeister-(grün) oder Himbeersirup (rot) getrunken. Es sieht aus wie ein überdimensionaler Cocktail und sorgt dafür, dass man auf jeden Fall Gesellschaft bekommt, nämlich die der Wespen.

In den Hinterhöfen werden Grillfeste veranstaltet, die Ökoschwaben am Prenzlauer Berg fürchten um den Schlaf ihrer Kinder, und alle fahren ans Wasser. (Außer es wird ein neues Besucherzentrum eingeweiht – mit Gratis-Bratwurst und Freibier. Oder eine S-Bahn-Station eröffnet; oder ein Konzert mit freiem Eintritt lockt ans Brandenburger Tor.)

Das Urstromtal

Wer zum ersten Mal mit dem Flugzeug in Berlin landet, meint seinen Augen nicht zu trauen: Unter den Tragflächen erstreckt sich eine endlose Seenlandschaft rund um die Stadt, ja bis in die Stadt hinein. Ist das tatsächlich die deutsche Hauptstadt, oder hat sich der Pilot im Kurs geirrt und überfliegt soeben Finnland?

Keine Angst, alles in Ordnung, Berlin liegt am Wasser, und die Berliner lieben ihre Flüsse, Kanäle und Seen. Man kann Ausflüge unternehmen und sich mit der Geschichte der Region beschäftigen: Das Berliner Urstromtal ist aus mächtigen Sanden aufgebaut – deswegen muss man hier auch täglich fegen, vor allem wenn man eine Terrasse hat.

Der Vorteil: Der Untergrund ist ein riesiger Grundwasserspeicher und ermöglicht die Selbstversorgung Berlins mit Trinkwasser. Der Nachteil: Die Oberfläche ist tischeben. Die einzigen Erhebungen, die es in der Stadt gibt, sind aufgeschüttete Häuserreste und Müllhaufen. Der – von seiner Bergsilhouette träumende – Münchner ist schon froh, wenn er vom leicht erhöhten Prenzlauer Berg auf den Fernsehturm schauen kann.

Weiter in der Geschichtsstunde: Durch die Schmelzwassertätigkeit entstanden zahlreiche „Toteiskörper", die austauten und als die heute aus der Luft deutlich zu sehenden Seen und Moore zurückgeblieben sind. Deshalb hat man auch immer das Gefühl, im Schlamm zu waten, wenn man hier baden geht. Das Wasser ist dunkel und undurchsichtig, und man weiß nicht, was sich unter der Oberfläche verbirgt.

So richtig erfrischend ist das Bad in dem brackigen Wasser nicht, und sobald die Schulferien beginnen, fängt auch der Algenteppich an zu wachsen – nach ein paar Wochen kippt die Hälfte der Gewässer. Vorbei ist es mit dem nahe gelegenen Badespaß, jetzt hilft nur noch der weite Weg an die Ostsee. Doch keine Chance: Ahrenshoop, Seeland, Rügen – alles ausgebucht. Die Quartiere auf der (autofreien) Insel Hiddensee werden von den (Ost-)Berlinern per Erbschaftsvertrag weitergegeben.

Erst mal nackig machen

Was aus der Luft idyllisch aussieht und im Sommer den Drang auslöst, sofort in die Fluten zu springen, entpuppt sich bei genauerem Hinsehen bisweilen als leeres Versprechen. Der Fremde unterschätzt die Entfernungen und wundert sich, dass die Anreise zum kühlen Nass mindestens eine Stunde dauert, egal wo in der Stadt man sich befindet – die Spandauer und Zehlendorfer lassen wir außen vor, die wachsen im Strandbad Wannsee auf und besetzen die besten Plätze für sich.

Hat man dann endlich in der Nähe des Sees seiner Träume geparkt – Geheimtipp von Freunden: mitten im Wald, total unberührt, Sandstrand, keine Kinder –, kann es passieren, dass man das Wasser vor lauter Zäunen nicht findet. Eine Badestelle pro See sollte wohl genügen, dachten sich die Brandenburger – wenn der Bund den See nicht gleich verkauft hat oder die Gemeinde sich das Strandbad nicht mehr leisten kann.

Doch die Berliner lassen sich von solchen Kinkerlitzchen nicht erschüttern. Sie machen sich sofort nackig, sobald sie das kühlende Nass erspähen. Wahrscheinlich ist es ein Reflex, den der Kontakt mit der Natur auslöst:

Um dem Körper nach dem langen, trostlosen Winter, der hier wirklich nichts zu bieten hat, möglichst viel Sonne zu gönnen, reißt man sich die Kleider vom Leib und legt sich möglichst nah am Wasser und an den anderen Badegästen – natürlich unbekleidet – auf die mitgebrachte Decke.

Fahrrad, Picknickkorb, Umhängetasche, Bücher und Hunde werden rundum verteilt. Wem das zu intim ist, der muss eben weichen. Der Berliner ist es gewohnt, sich den Platz zu erkämpfen, den er zum Leben braucht. Er lässt keinen Grashalm zwischen dem eigenen Liegeplatz und dem des Nachbarn. Wer ins Wasser gehen will, muss eben sehen, wie er sich einen Weg durch die Nudisten bahnt, die hier nahtlos braun werden wollen.

Auf meinem Kahn bin ich Kapitän

Schwimmen gehen natürlich nur die Neu-Berliner, der echte Berliner hat ein Boot. Einige treiben Sport, sie besitzen ein Segelboot oder sind im Ruderclub, der Großteil der Freizeitkapitäne aber ist motorisiert. Egal, wie klein der Kahn auch sein mag, der Außenbordmotor tuckert vor sich hin, und Kalle steht am Steuerrad, während seine Helga auf dem Vorderdeck geröstet wird wie auf dem Grill – selbstverständlich ohne Bikini.

Da können die zugewanderten Süddeutschen noch so bedenklich den Kopf schütteln – die Münchner heben die

Pfoten, bei uns ist das verboten! –, so richtig Spaß hat der Einheimische erst auf seinem Motorboot. Und weil Berlin von Seen und Wasserwegen umgeben ist, kann man die ganze Stadt umrunden – und immer schön den Badegästen winken, die froh sind, endlich dem Großstadtverkehr entkommen zu sein.

Viele Neu-Berliner, die ihren Nachwuchs in einer der altgedienten Ost-Kitas unterbringen, wundern sich über deren Öffnungszeiten. Wer will, kann sein Kind ab sechs Uhr morgens abgeben, nach 17 Uhr aber wird es schwierig, noch einen offenen Hort zu finden. Der Grund: Der Ostberliner ging möglichst früh zur Arbeit (auch wenn es nichts zu tun gab), damit er spätestens um 16 Uhr in seiner Datsche war.

Denn trotz des dauernden Gejammers über fehlende Arbeitsplätze und zu niedrige Hartz-IV-Sätze wollen wir hier mal eins festhalten: Sehr viele Ossis haben ihr eigenes Haus am See. In mühsamer Kleinarbeit und mit Hilfe eines ausgedehnten Tauschhandels haben sie ihre bescheidene Hütte über Jahrzehnte zu einem heimeligen Domizil ausgebaut, das sie nun – im Alter – während der Sommermonate durchgehend bewohnen.

Viele von ihnen profitieren von einer Sonderregelung in der deutschen Gesetzgebung, die nur für die neuen Bundesländer gilt: Hausbesitz ohne Grundbesitz. Weil es in der DDR keinen privaten Grundbesitz gab und die Grundstücke den früheren Eigentümern zurückgegeben wurden, dürfen die Datschenbesitzer ihre Häuser wei-

terhin nutzen, ohne Eigentümer des Baugrunds zu sein
– zumindest so lange, bis die Gemeinde eine anderweiti-
ge Nutzung genehmigt.

Gemüse pflanzen nach Plan

Der Westberliner hingegen hat seinen Schrebergarten,
den er hegt und pflegt, sobald die Sonne sich kurz am
Himmel zeigt und der bleierne, wolkenverhangene, graue
Winter vorbei ist. Der Hobby-Gärtner nimmt seine Freizeitbeschäftigung mindestens so ernst wie der Ökobauer
seine Saatfolge. Sobald er das Gras wachsen hört, beginnt er seinen Garten umzugraben, Gemüse und Kräu-
ter anzupflanzen und die Bäume zu beschneiden.

Er ist eben gerne im Freien, in der Natur, um sich zu
erholen und sich körperlich zu betätigen, da spart er sich
das Fitness-Studio. Hier draußen an der frischen Luft
fühlt er sich richtig wohl – auch wenn die Grundstücke
ausnahmslos entweder an der S-Bahn-Trasse, der Stadtautobahn oder an den Flughäfen liegen. Na gut, die Züge
machen ein wenig Lärm, aber dafür sind die Autos hinter
Schallschutzwänden versteckt.

Wie heißt es so schön auf der Homepage der „Dauer-
kleingartenkolonie Vor den Toren I e.V." in Berlin-Rei-
nickendorf: „Familien, Berufstätigen und Senioren bietet
der Kleingarten eine sinnvolle Freizeitbeschäftigung im
direkten Kontakt mit der Natur und ist damit ein Gegen-

gewicht zum Leben in Betonburgen und auf Asphaltflächen. Darüber hinaus bieten die Vereine die für das gegenseitige Verständnis wichtigen Möglichkeiten, sowohl interkulturelle als auch generationsübergreifende Kontakte zu knüpfen."

Die Hausordnung einer mittleren Wohnanlage ist nichts gegen die Bepflanzungs- und Verhaltensmaßregeln, wie sie bei diesen Vereinen üblich sind. Wer geglaubt hat, er hätte mit dem Erwerb eines kleinen Gartens das Recht auf ein wenig Erholung erworben, der hat sich bitter getäuscht. Faulenzen kann man im Wellness-Hotel, aber nicht hier.

Es gibt genaue Vorschriften, welche Gemüsesorten in welcher Anzahl zu säen sind, wie hoch die Bäume sein dürfen, wann man den Rasen mähen darf, wohin man den Biomüll geben muss, wann man welche Gegenstände auf das Grundstück transportieren und wann man die Gerätschaften wieder fortschaffen darf.

Wer glaubt, dass seine Kinder im Grünen spielen können, hatte noch nicht mit seinen Nachbarn zu tun. Spielen oder gar Herumlaufen sind nur zu bestimmten Zeiten und auch dann nur in annehmbarer Lautstärke erlaubt – wohlgemerkt nach Rücksprache mit den anderen Vereinsmitgliedern, die von diesen unvorhergesehenen Betätigungen bei ihrem Wochenend-Tagwerk gestört werden könnten.

Käffchen und Zigarette

Dann beginnt es zu regnen, meist im September, manchmal schon Mitte August, und die Ferien gehen zu Ende. Der Sommer ist vorbei, und der Himmel wird grau. Der Berliner bereitet sich auf die dunkle Jahreszeit vor.

Zur Winter-Sonnenwende wird es um halb vier finster, und man flüchtet in die zentralbeheizte Wohnung, seit es in den Eckkneipen wegen des Rauchverbots so ungemütlich geworden ist.

Macht nichts, wird eben die Nachbarin eingeladen – auf Käffchen und Zigarette. Hauptsache, man muss nicht raus, der Hund wird dann eben mal allein geschickt. Oder man geht bis zum Supermarkt, da gibt es eine Laterne auf dem Weg, das sollte reichen. Stückchen kaufen, Zigaretten und das Fernsehprogramm, schnell wieder zurück in die gute Stube und die Abendschau des rbb eingeschaltet. Aaaah, wunderbar!

In keiner anderen Stadt in Deutschland wird ab Ende November so viel geblinkt und geglitzert wie in Berlin. Unter den Linden werden die Äste der Bäume mit Lichterketten überzogen, am Ku'damm der Stamm – keine Einkaufsstraße bleibt verschont vom Lichterwahnsinn, gesponsert von der Firma Wall, die in der ganzen Stadt auch noch Riesen-Weihnachtsmänner leuchten lässt.

Ganz zu schweigen von den Weihnachtsmärkten, die es an jeder Ecke und auf jedem freien Platz gibt –

und wenn man kleine Kinder hat, gibt es keine Chance, dem vorweihnachtlichen Karussell-Schaukelboot-Bungee-Jumping-Wahnsinn zu entkommen. Ach wie schön waren die Zeiten, als der Nachwuchs sich noch mit einer Papiertüte voller Maroni begnügte.

Die neueste Attraktion sind die verkaufsoffenen Sonntage. Obwohl jeder weiß, dass die Geschäfte hoffnungslos überfüllt sind, werden die vier oder fünf Stunden am Nachmittag von den Berlinern extensiv genutzt. Als Tourist sollte man diese Vergnügungen möglichst meiden, großes Gedränge, mürrische Verkäufer, quengelnde Kinder und genervte Eltern sind hier Programm.

Aber die Berliner lieben es, in Gesellschaft zu sein, und keiner will die Gewinnspiele und Vergünstigungen versäumen, mit denen die Einkaufsmeilen ihre Kunden locken. Die Kinder werden mit Luftballons und Gummibärchen in die Süßwarenabteilungen gelockt, während die Schnäppchenjäger sich um die wenigen Sonderangebote prügeln.

Am besten ist natürlich Ikea: Man kann die Kinder im Kinderland abgeben, da werden sie animiert oder können sich schwedische Kinderfilme im Original anschauen. Die Eltern gehen inzwischen Elchköttel essen – oder eins der vielen Sonderangebote testen, wenn einem Köttbullar gerade zum Hals raushängt. Vielleicht noch eine Stehlampe kaufen, ist besonders günstig. Und Teelichter braucht man ja immer.

Nachwort

Be Berlin

Wie werde ich Berliner? – Ein Crashkurs in zehn Lektionen

1.

Du trainierst dir eine „Berliner Schnauze" an: Jede Frage eine Provokation, jede Antwort eine vernichtende Replik. „Heute aus dem Bett gefallen?" – „Immerhin habe ich gestern noch nach Hause gefunden …"

2.

Auf Signale aus deiner Umgebung reagierst du nicht im Geringsten, egal, ob sie von anderen Verkehrsteilnehmern, Nachbarn oder vom Nebentisch kommen. Stattdessen studierst du das Display deines Handys.

3.

Jedem Homeboy, Mitstudenten oder Kollegen erzählst du, wie cool du es findest, ausgerechnet in dieser Stadt zu wohnen: „Berlin ist echt geil, Mann!"

4.

Jedem Besucher oder neugierigen Fragesteller aus der Heimat gibst du zu verstehen, dass hier das wahre Leben tobt, auch wenn es nur der Nachbar ist ... Auf genauere Auskünfte lässt du dich gar nicht erst ein, sondern verweist auf diesen oder jenen Filmbeitrag, je nach Zielgruppe auf arte oder Spiegel-TV.

5.

Wenn du jemanden triffst, der das gleiche Buch liest wie du, gründest du mit ihm eine Firma. Du verfolgst dein bahnbrechend neues Projekt mit absoluter Überzeugung, auch wenn es niemals Geld einbringen wird. Hauptsache, du kannst täglich ein halbes Dutzend Fotos in deine Flickr-Galerie stellen, stündlich dein Porträtfoto auf Facebook aktualisieren und Links von MySpace-Videos an deine Freunde twittern.

6.

Am Wochenende fährst du stundenlang S-Bahn und trinkst Flaschenbier, die leeren Flaschen stellst du möglichst so auf den Gehweg, dass sie von anderen Partysanen zertrümmert werden.

7.

Du gehst ausschließlich in Clubs, wo „Kumpel" von dir auflegen, und erzählst allen Besuchern weiblichen (oder wahlweise männlichen) Geschlechts, wie lange du den

DJ schon kennst und aus welchen abgefahrenen Sounds er die Beats gebastelt hat, die mit der Dezibelzahl eines startenden Düsenjets aus den Lautsprechern dröhnen.

8.

Du arbeitest, wenn überhaupt, nur im nächsten Hot-Spot-Café, wo du deinen potenziellen Geldgebern das letzte Konzept für den Markteinstieg in einer Flash-Animation zeigst und von der drohenden Konkurrenz erzählst, die sich schon für ein Gespräch am Nachmittag angesagt hat.

9.

Solltest du in einen Unfall verwickelt werden, ist klar: Schuld ist immer der andere. Am besten, du beschuldigst dein Gegenüber, sich völlig falsch verhalten zu haben, dann muss der sich erst einmal rechtfertigen – und schon bist du im Vorteil. Das gilt auch für Streit- und andere Zwischenfälle, zu denen es trotz des Bemühens der Kontaktvermeidung immer wieder kommen kann.

10.

Warte auf den Sommer. Dann ist alles ganz anders: Die Berliner werden zu Menschen, sie sind gut gelaunt, sitzen draußen und unterhalten sich plötzlich sogar mit dir, ohne dass sie etwas von dir wollen. Die Gelegenheit also, die Hauptstadtbewohner ausgiebig zu studieren und alles zu lernen, was man zum Überleben in dieser menschenfeindlichen Umgebung braucht …

Die Schönheit Berlins

Zum Schluss soll ein Loblied die Hauptstadt preisen, sie hat auch ihre wunderbaren Seiten. Und ehrlich gesagt, sind auch die Bewohner Berlins nicht halb so anstrengend wie die Nachbarn in jeder beliebigen Provinzstadt Deutschlands. Denn ins Positive gewendet bedeutet ihre Teilnahmslosigkeit: Berlin lässt einen so sein, wie man ist – oder sein möchte.

Beim Anflug auf die Stadt kann man schon sehen, dass sie wirklich groß ist: Die riesige Fläche, auf der sich Berlin ausbreitet, wird beherrscht von den Häuserzeilen und Wohnanlagen, die sich entlang der Straßen und rund um die Plätze gruppieren. Beton und Autos sind zweifellos die definitorischen Fixpunkte der Stadt, aber nicht allein bestimmend. Denn eine Vielzahl von Wasserflächen, Parks, ja sogar ausgedehnten Wäldern machen diese Großstadt zu einer ungewöhnlich lockeren Agglomeration. Dieser Eindruck wird durch die beiden innerstädtischen Flughäfen noch verstärkt, die in absehbarer Zeit für die Bevölkerung als Freizeitflächen nutzbar gemacht werden sollen.

Wer sich fühlt wie eine Baustelle, ist am Ort seiner Sehnsucht angelangt. Hier ist alles im Fluss, gebaut wird überall, kaum ist ein Gebäude fertig, wird das nächste in Angriff genommen. Dann bemerkt man, dass die Balkone vergessen wurden, und baut auch gleich noch das Dachgeschoß zu einem Loft aus. Manche Baukräne werden nachts beleuchtet, sie zeigen uns den Weg in die Zukunft: Umbruch, Aufbau und ständige Veränderung. Und seit die Hysterie der Boomjahre abgeflaut ist, kann man die Modernisierung auch genießen.

Die Natur muss man hier nicht fürchten – die unter dem Sand der Stadt lagernde tektonische Platte hat sich seit Millionen Jahren nicht bewegt. Und doch ist in dieser Stadt nach wie vor mehr in Bewegung als anderswo. Das liegt an den Bewohnern, die sich hier innerhalb einer Generation praktisch vollständig austauschen – statistisch gesehen. Viele kommen, viele gehen, wer bleibt, verändert sich, oft zum Besseren.

All das, was so typisch für die Stadt und ihre Bewohner ist, ihre Übellaunigkeit, die mangelnden Umgangsformen, die Direktheit, ist natürlich nicht aus der Luft gegriffen, aber man kann auch das genaue Gegenteil erleben. Trifft man etwa am Flughafen Tegel auf einen Taxifahrer, der aus der Türkei stammt, aber perfekt Deutsch spricht und nebenbei als Reiseführer arbeitet, wird man mit einer ausgesuchten Höflichkeit behandelt, die man in meiner Heimatstadt Wien nur mit sehr viel Glück findet.

Der Berliner ist zu bequem, um mit dem zu protzen, was er hat. Deshalb wirkt auch alles Exaltierte, Glamouröse, gesellschaftlich Wichtige so, als wäre es extra hierhergebracht worden, aus München oder Düsseldorf. Und weil die Zugewanderten, die Teilzeit-Berliner und die Touristen die Mitte der Stadt beherrschen, zieht er sich zurück an die Ränder, bleibt in seinem Kiez und kümmert sich nicht weiter um den ganzen Trubel, den die Politiker, Journalisten, Künstler und Society-Menschen veranstalten.

Viele Menschen, die aus der Provinz nach Berlin ziehen, um sich zu distanzieren, ihre Träume zu leben, in der Anonymität der Stadt unterzutauchen, finden sich überrascht wieder – in einer behaglichen Dörflichkeit. Weil die Stadt groß ist und aus vielen Dörfern und Städten zusammengefügt wurde und zusammengewachsen ist, könnte man auch sagen: Berlin ist mehr als eine Stadt, es ist eine ganze Fülle von Orten.

Gegliedert von Raum und Zeit, von den lange sesshaften und den neu hinzugekommenen Bewohnern, vervielfältigt es sich in Gegenden, Bezirke, Reviere, Clans. Und jeder sucht sich den Ort aus, an dem es ihm am besten gefällt. Und jede findet die Freunde, mit denen sie sich am besten versteht. Keine andere Stadt bietet eine so große Auswahl an Möglichkeiten, sich wohlzufühlen – je nach Neigung und Möglichkeiten kann sich der Künstler seinen Sehnsuchtsort erwählen und die Familie ihr passendes Domizil finden.

Wer nach der Metropole sucht, nach den Lichtern der Großstadt, sollte vom Westen her in die Innenstadt fahren. Wenn man die Heerstraße gegen Abend stadteinwärts fährt, fühlt man sich wie auf einem unendlich langen Highway, der von den Außenbezirken schnurstracks in die Mitte der Stadt führt. Und wenn man dann von der Kuppe am Theodor-Heuss-Platz aus die Magistrale vor sich sieht, die Bismarckstraße, die Straße des 17. Juni, die durch den Tiergarten zum Brandenburger Tor führt, hat man das Gefühl, die Stadt in Besitz zu nehmen.

Weit weg leuchtet die Kugel des Fernsehturms in der untergehenden Sonne. Langsam werden die Häuser ins Dämmerlicht getaucht, die Laternen gehen an – und man hat das Gefühl, in einer richtigen Großstadt zu sein.

Literatur

Es gibt eine Lawine von Werken über Berlin. Hier sind nur Bücher und Artikel aufgeführt, auf die im Text Bezug genommen wird. Dank schuldet der Autor den Archiven von Tagesspiegel und Berliner Zeitung, wo zahlreiche Informationen überprüft werden konnten. Anregungen bezog er aus dem Dokumentarfilm „24h Berlin", der am 5. September 2009 ganztägig das Programm von arte und rbb bestritt.

Walter Benjamin: *Berliner Kindheit um neunzehnhundert.* Suhrkamp 2006.

Bernd Cailloux: *Der gelernte Berliner. Sieben neue Lektionen.* Suhrkamp 2008.

„Chipperfield kritisiert Stellas Schloss-Entwurf." In: *Tagesspiegel*, 21.12.2009.

Boris Groys: „Postproduction Berlin. Gespräch mit Frank Berberich." In: *Lettre International* 86, Berlin 2009.

Falko Hennig, Harry Schnitger: *100 % Berlin. Was drin ist, was dran ist, was in ist.* Knesebeck 2008.

Heinrich Laube: *Neue Reisenovellen.* Hoff 1837.

Monika Maron: „Eigentlich sind wir nett." In: *Kursbuch 137, Berlin. Metropole.* Rowohlt 1999.

Alfred Polgar: „Berlin, Sommer 1922." In: *Alfred Polgar. Das große Lesebuch.* Kein & Aber 2004.

Sven Regener: *Herr Lehmann.* Eichborn 2001.

Sven Regener: *Der kleine Bruder.* Eichborn 2008.

Mark Siemons: „Szenenwechsel." In: *Kursbuch 137, Berlin. Metropole.* Rowohlt 1999.

Mark Siemons: „Potsdam – Preußen, Beverly Hills und die DDR." In: *FAZ* vom 15.10.2004.

Michael Sontheimer: *Berlin, Berlin – der Umzug in die Hauptstadt.* Spiegel-Buchverlag/Hoffmann und Campe 1999.

Rüdiger Schaper: *Der Entertainer der Nation – Harald Juhnke zwischen Glamour und Gosse.* Argon 1997.

Klaus Wowereit (mit Hajo Schumacher): *... und das ist auch gut so. Mein Leben für die Politik.* Blessing 2007.

Ignaz Wrobel (= Kurt Tucholsky): „Berlin! Berlin!" Ersterscheinung in *Die Weltbühne*, 29.03.1927, Nr. 13, S. 499.